Hans-Martin Schönherr-Mann
*Philosophie der Liebe*

Hans-Martin Schönherr-Mann

# Philosophie der Liebe

Ein Essay wider den Gemeinspruch
›Die Lust ist kurz, die Reu' ist lang‹

 Matthes & Seitz Berlin

»Trägt nicht alles / Was uns begeistert / Die Farbe der Nacht«

*(Novalis, Hymnen an die Nacht)*

Für Irmi

# Inhalt

# Vorwort

»Ein Liebender ist (…) jemand, der den Unterschied zwischen einer Frau und anderen Frauen übertreibt (…)«[1], so George Bernard Shaw, ein Antialkoholiker, Nichtraucher und Vegetarier, der in der schrecklichsten Phase der europäischen Geschichte lebte, nämlich geboren 1856 und gestorben 1950, also jemand, der nicht nur die Hochphase des Imperialismus und des Totalitarismus sowie die Weltkriege miterlebte, sondern eine Zeit, in der die monogame Ehe den einzigen legalen Ort für erotisch-sexuelle Praktiken und Erlebnisse darstellte. Da musste sich ja die Einzelne einbilden, ihr Gatte besäße eine besondere Qualität. Nicht wenige entwickelten darüber diverse Neurosen, die Sigmund Freud nicht nur zu Lohn und Brot, sondern auch noch zur einen oder anderen Idee verhalfen.

Zwar ist die monogame Ehe längst nicht mehr die einzige legale Lebensform. Trotzdem predigen die diversen traditionellen Vereinigungen immer noch eine religiöse Sexualmoral, verteufeln die Abtreibung, bekämpfen Verhütungsmittel. Zudem verführen viele gesellschaftliche Organisationen und staatliche Institutionen die Zeitgenossen dazu, unreflektiert die Generationenfolge zu verlängern, sich somit, ohne es rechtzeitig zu merken, in den Dienst der Gemeinschaft, der Gattung bzw. der Natur nehmen zu lassen.

Wie die Einzelne dem entgehen könnte, um ihr Leben nach eigenen Vorstellungen zu gestalten, dem möchte dieser *Essay wider den Gemeinspruch* nachspüren und dazu auch den einen oder anderen praktischen Vorschlag unterbreiten. Heute benötigen auch Vertreter der monogamen Familie die Lebenskunst, da es keine selbstverständlichen Lebensformen mehr gibt, müssen gewählte Lebensformen immer von den Betroffenen erfüllt und verantwortet werden.

Schwule, Lesben, Bisexuelle, Singles, Liebhaber des gemeinsam oder des getrennt Wohnens, Freunde promiskuitiver Sexualität, des Rauches wie des Rausches mit und ohne Kinder von verschiedenen Partnern müssen ihre Lebensformen in einer zwar freundlicher gewordenen Umwelt nicht nur ständig neu erfinden, sondern auch verteidigen. Dazu gehört häufig sogar der öffentliche Protest wie die politische Partizipation.

Doch dabei sehen sie sich immer wieder gefährlichen Verlockungen ausgesetzt, die an ihre ureigenen Wünsche Neigungen und Ängste andocken. Michel Foucault empfiehlt dagegen einen Rückgriff auf die antike Form der Askese: Jede soll ihre Lüste so häufig wie möglich gebrauchen, aber sie darf nicht Sklavin ihrer Lüste werden. Wenn sie sich daher gelegentlich des *Gebrauchs ihrer Lüste* enthält, dient sie damit nicht einer christlichen, islamischen oder sozialen Moral, sondern ganz allein sich selbst. Denn nur wenn sie derart im Sinne des Aristoteles eine freie und verantwortliche Lebensform entwickelt, ist sie als Individuum erst zu eigenständiger politischer Aktivität fähig und nicht nur Untertan, Parteisoldatin, Mitläuferin oder Stammwählerin.

So schließt der *Essay wider den Gemeinspruch* denn auch zunächst an mein 2009 bei *Matthes & Seitz Berlin* erschienenes Buch an: *Der Übermensch als Lebenskünstlerin – Nietzsche, Foucault und die Ethik.* Der Essay steht andererseits in der Tradition der Verantwortungsethik im Anschluss an Max Weber, Sartre, de Beauvoir und Lévinas. Es geht um eine Philosophie des Individuums in der modernen Welt, die außerdem vor allem Aristipp von Kyrene, Ockham, Hume, Baron d'Holbach, Kierkegaard, Stirner, Mill und Nietzsche inspirieren. Das soll der Leserin nur als eine gewisse Orientierung dienen, muss sie diese Autorinnen keineswegs kennen, um die *Philosophie der Liebe* zu verstehen.

Danken möchte ich zunächst meinem Verleger Andreas Rötzer für diese außergewöhnliche Publikationsmöglichkeit; Patrizia Zewe, die mir in ihrer Galerie in der Münchner Schellingstraße ermöglichte, den Text in fünf Lesungen vorzutragen; meiner Freundin Irmgard Wennrich für Anregungen, Korrekturen und ihre Geduld; dem Publikum, das an diesen Lesungen teilnahm; außerdem Ulrike Popp-Baier, Tamara Ralis, Hans-Georg Pfarrer, Bernhard Lienemann, Michael Ruoff, Bernd Mayerhofer, Michael Löhr, Mario Beilhack und allen TeilnehmerInnen am Philosophischen Rau(s)chsalon in der Rumfordstr. für Hilfen und Anregungen.

Nur die ›Toren‹, so Novalis in den *Hymnen an die Nacht*, fühlen nicht die ›wahrhafte Nacht‹ »In der goldenen Flut der Trauben / In des Mandelbaums / Wunderöl / Und dem braunen Safte des Mohns. / Sie wissen nicht / Dass du es bist / Der des zarten Mädchens / Busen umschwebt / Und zum Himmel den Schoß macht – / Ahnden nicht / Dass aus alten Geschichten / Du himmelöffnend entgegentrittst / Und den Schlüssel trägst / Zu den Wohnungen der Seligen, / Unendlicher Geheimnisse / Schweigender Bote.«

# I. Versuch der Umwertung einiger Werte

1. *Uneheliche Kinder.* ›Wer zweimal mit demselben pennt, gehört schon zum Establishment‹. Ich darf an diese beinahe schon vergessene Parole aus Achtundsechziger Zeiten erinnern – und man muss auch schon fast hinzufügen: des letzten Jahrhunderts. *Verehrte Leserin*, Sie werden über die weibliche Perspektive gestolpert sein. In der Tat und wahrscheinlich nicht durch Zufall war die Parole im Original aus männlicher Sicht formuliert und auch so gemeint. Zwar fingen damals auch Frauen an, Simone de Beauvoir nachzueifern, aber eher im Stillen, nicht bei geöffnetem Fenster, wie es sich Sartre wünschte, als eine seiner Geliebten ihn bat, die Gardinen zu schließen. Die revolutionären Herren der Schöpfung dachten eher an sich. Dass diese Rechnung auf diese Weise nicht aufgehen konnte, das kalkulierten sie nicht mit ein.

Vielleicht ist das einer der Gründe, warum sich dieser Satz letzten Endes vergeblich darum bemühte, den Gemeinspruch auszuhebeln ›Die Lust ist kurz, die Reu' ist lang‹. Jedenfalls soll es vorkommen, dass bereits der erste Sex eine Schwangerschaft auslöst. Wie bemerkt doch Simone de Beauvoir 1949 in ihrem Werk *Das andere Geschlecht*: »Die Ehe ist auch für den Mann Unterjochung. In ihr gerät er in die Falle, die die Natur ihm stellt: Weil er ein blühendes junges Mädchen geliebt hat, muss der Mann sein Leben lang eine dicke Matrone, eine vertrocknete Alte ernähren.«[2] Wenn es nur um die Versorgung ginge! Wem helfen die Herrschaften in aller Welt nicht!

Aber es geht ja um Identifikation mit einer Hässlichen! Was hilft da gegen die lange Reue? Nur selbst dick und hässlich zu werden; so lassen sich sehr viele, vornehmlich heterosexuelle Männer dementsprechend gehen und verzichten auf die Kommunikation der Schönheit!

Wenn man die Schwangerschaft gar nicht verhindern oder hinterher nicht abbrechen darf, wenn obendrein – wie es noch in der ersten Hälfte des 20. Jahrhunderts weit verbreitet war – ein uneheliches Kind für die Frau die soziale Diskriminierung und für den Mann doch immerhin eine finanzielle Belastung bedeutete, schnappt die Falle der Kultur, nicht der Natur zu, wie de Beauvoir fälschlicherweise schreibt. Dabei weiß sie es besser, lautet doch der berühmteste Satz aus besagtem Werk: »Man kommt nicht als Frau zur Welt, man wird es. Keine biologische, psychische oder ökonomische Bestimmung legt die Gestalt fest, die der weibliche Mensch in der Gesellschaft annimmt. Die gesamte Zivilisation bringt dieses als weiblich qualifizierte Zwischenprodukt zwischen dem Mann und dem Kastraten hervor.«[3]

Als Willy Brandt 1960 zum Kanzlerkandidaten gekürt wurde, diffamierten ihn die Unionsparteien als uneheliches Kind. Immerhin hat sich die Gesellschaft seither so stark verändert, dass die unehelichen Kinder heute nicht bloß die Normalität sind, sondern Alleinerziehende zu den Helden der Rentenversicherung avancierten, also der Quintessenz von Staatlichkeit und Volksgemeinschaft, bzw. dessen, was neben dem Gesundheitswesen davon noch geblieben ist. Hat sich die Republik damit auch dem Gemeinspruch entwunden?

Jedenfalls besaß angesichts solcher Diffamierungen in der frühen Bundesrepublik jene Achtundsechziger Parole, ›nicht zweimal mit demselben …‹, einen Sinn, und zwar unter dem Motto: Wir sind alle uneheliche Kinder! Wenn nicht, wünschen wir uns, dass sich unsere Eltern nicht die ganze Zeit miteinander langweilten, unsere Mütter also im Augenblick unserer Zeugung wenigstens fremdgingen, wir wenigstens einen unbekannten Samenspender zum sogenannten organischen Vater haben! Dass sie, die später Gebärende und der Unbekannte, dabei möglichst viel Lust und möglichst wenig nachfolgende Reue hatten. Diese blieb Mutters Gatten, dem offiziellen Vater. Und wahrscheinlich auch der Mutter, wenn sie sich nicht vorher einen anderen suchte.

Dabei en passant eine Warnung an die geneigte Leserin: Wer nicht mindestens einem der beiden Ausrufesätze beipflichten kann, der sollte an dieser Stelle die Lektüre des vorliegenden Textes einstellen. Diese *Philosophie der Liebe* möchte ja niemanden missionieren oder ärgern.

Und für diejenige, die den Kopf bedenklich wiegt, noch ein Nachsatz: Wäre es nicht besser, die Spender von Ei und Sperma gar nicht zu kennen, im Krankenhaus verwechselt zuworden sein? Gibt es das eigene Ei und das eigene Spermium überhaupt? Nein, das bleiben doch allemal Fremde, Andere, diese ursprünglichen Bausteine des Selbst. Nein, man kann nicht sagen: Das ist mein Ei und das ist mein Spermium. Sie sind nichts eigenes. Ich bin nicht dieses Ei, so wenig wie dieses Spermium. Erst der Gemeinspruch macht sie zu etwas eigenem, wenn die lange Reue den einzelnen in seiner Generationenkette identifiziert. Wie kann sich die Zeitgenossin dem entwinden? Wie widerstreitet sie dem Gemeinspruch? Wie lebt und liebt sie mit Lust und nicht mit Reue?

Nachts? Nein, nicht als ewige Nacht, wie es bei Novalis anklingt und sich dabei womöglich doch um die irdische Liebe dreht. Im letzteren Fall kann das eine gefährliche Angelegenheit im Sinne des Gemeinspruchs werden. Trotzdem, wo will man ihm denn anders widerstreiten als nachts, wenn andere Sinnenwahrnehmungen als das Sehen wichtiger werden? Tagsüber? Nein, da ist es zu hell, zu ökonomisch, zu medial. Im Kerzenschein, wenn alle Diskurse einen erotischen oder dionysischen Einschlag gewinnen und die Schönheit Sonnen- wie Scheinwerferlicht verdrängt. In der hellen Welt der Medien sucht die Philosophie der Liebe das Düstere der Nacht, die die Reflexion sich selbst überlässt und nicht in den Bann der Bildschirme zerrt. Wer sind folglich die Toren aus Hölderlins *Hymnen an die Nacht*?

*2. Barbarensturm über der katholischen Ethik.* Gelingt es der Achtundsechziger Parole, dem Gemeinspruch zu widerstreiten? Sollte der Gemeinspruch die Parole einholen, liegt das jedenfalls nicht an der Lust, sondern an den sozialen Umständen, an der Herrschaft protestantischer wie katholischer Ethik, am helllichten Tag. Letztere Ethik wurde im Mittelalter durchaus mit Folter und Scheiterhaufen durchgesetzt. Sie ließ sich nur im Geheimen, im Dunklen hintergehen. Dort herrschte allerdings Ausgelassenheit, war Homosexualität auf der Seite der Sünde mit der Heterosexualität sogar gleichgestellt: Die Lüste waren immer Sünde, ob mit Frauen, Männern oder Knaben! Aber man konnte diese Sünden durch die Beichte tilgen, besonders praktisch für Priester. Als man diesen im 11. Jahrhundert die Ehefrauen wegnahm, wurden letztere eben zu Haushälterinnen umdeklariert. Sicherlich würden manche im Vatikan heute solche mittelalterlichen Zustände der praktischen Buße und der Geheimniskrämerei gerne wieder einführen und einfach nicht darüber reden, was in der Nacht alles passiert – natürlich nicht nur Erfreuliches.

Später verlangte der Protestantismus eine reine Seele ohne Sünden oder Sündentilgung und das katholische Leben musste sich um eine noch größere Geheimniskrämerei bemühen. Protestanten ließen nämlich nur noch die Moral ohne ein Schlupfloch zu und bewiesen damit den Gemeinspruch ›Die Lust ist kurz, die Reu' ist lang‹ noch nachhaltiger als Katholiken. Wie bemerkt doch der vom tiefen Sündenbewusstsein der Herrenhuter Brüdergemeinde beseelte Sören Kierkegaard 1843: »Heirate, du wirst es bereuen; heirate nicht, du wirst es gleichfalls bereuen; heirate oder heirate nicht, du wirst beides bereuen.«[4] Wer kennt das nicht? Wie gesagt: ›Die Reu' ist lang.‹ Daher entfalten die verbliebenen Reste der mittelalterlich katholischen Doppelmoral gegenüber dem protestantischen Rigorismus einen gewissen Charme, noch dazu wenn die jenseitigen Perspektiven naturwissenschaftlich betrachtet ziemlich unwahrscheinlich erscheinen.

Doch seit den sechziger Jahren des letzten Jahrhunderts wird die Moral nicht nur wie früher geheim hintergangen. Es wird vielmehr auch noch offen – nämlich protestantisch – darüber geredet, hatte Sartre, der am liebsten bei offenem Fenster geliebt hätte, schließlich einen protestantischen Religionshintergrund. Das führte durchaus zu einer Umwertung der Werte. Denn über Treue, Keuschheit, Scham, Jungfräulichkeit lächeln heute viele, haben sie ihren Charakter der Tugend sowie an ethischer Werthaftigkeit verloren. Höchstens noch Schwache und Fromme halten sich an ihnen fest, was diesen wenig hilft, solange solche christlichen Tugenden vom Papst immer noch als allgemeine Orientierungen propagiert werden. Will der Katholizismus diese Werte retten, so müsste er sie zur Spezialmoral kleiner Gruppen im Stile von Mönchen erheben und ansonsten in der Öffentlichkeit nicht mehr propagieren. Dann würden sie den Charme des Verborgenen, der Nacht gewinnen. Aber wenn es sich um allgemeine Tugenden für jedermann und alle Tage handelt, transformieren sich diese passiven Tugenden in Laster, und zwar weil die Jungfrau den *Gebrauch der Lüste* (Foucault) vermeidet. Längst kehrt nicht nur der antike Polytheismus wieder, sondern auch der damalige Umgang mit den Lüsten. Für den antiken Griechen der Jahrhunderte vor unserer Zeitrechnung war es negativ, die Lüste nicht gebrauchen. Dergleichen hat sich heute relativ schnell wieder im Bewusstsein der Zeitgenossen verbreitet, was der Nacht als Ort der Lüste einen philosophischen Reiz verleiht – man denke an Schopenhauer, trotz seiner *Morgenröte* an Nietzsche, Freud, Adorno, Bataille, Lacan, Sartre, de Beauvoir, Foucault, Butler.

Angesichts dieser in der westlichen Welt überall stattfindenden Umwertung der Werte, des Zerfalls der traditionellen Werte, bleibt dem Katholizismus nur der Rückzug, wie ihn der zeitgenössische US-amerikanische politische Philosoph Alasdair MacIntyre empfiehlt: »Was in diesem Stadium zählt, ist die Schaffung lokaler Formen von Gemeinschaft, in denen die Zivilisation und das intellektuelle und moralische Leben über das neue finstere Zeitalter hinaus aufrechterhalten werden können, das bereits über uns gekommen ist. Und da die Tradition der Tugenden die Schrecken der letzten Finsternis überstanden hat, sind wir nicht ganz ohne Grund zur Hoffnung. Diesmal warten die Barbaren allerdings nicht jenseits der Grenzen; sie beherrschen uns schon seit einer ganzen Weile. Und gerade das mangelnde Bewusstsein dessen macht einen Teil unserer misslichen Lage aus. Wir warten nicht auf einen Godot, sondern auf einen anderen, zweifelsohne völlig anderen heiligen Benedikt.«[5]

Die Achtundsechziger gehören natürlich zu jenen Barbaren im Innern des katholischen Reiches just mit diesen Parolen: »Wer zweimal mit demselben pennt …« Denn sie wollten die Lüste vielleicht im katholisch mittelalterlichen Sinn wieder gebrauchen, allerdings jetzt offen und nicht mehr im Geheimen. Genau das macht sie zu Barbaren und lässt die Zeiten verfinstern, brechen die Nächte der Sünde aus und verdunkeln damit auch noch die Tage.

Aber sich wie die Christen jahrtausendelang als Schaf zu verstehen, das der Pastor hütet, führt doch nur in die lange Reue, der manche heutige Zeitgenossin zu entgehen versucht. Vielleicht sind ja diese gegenwärtigen Barbarinnen die evolutionär weiterentwickelten Menschen, die die traditionellen ethischen Werte hinter sich lassen. Vielleicht gehören sie nicht mehr zu den Menschen, die der heilige Benedikt von Nursia um 500 noch als Schafe betrachtete. Bei ihm drehte sich die Sonne ja auch noch um die Erde, er stand mit beiden Beinen auf Gottes festem Erdboden, fühlte sich noch nicht auf einer Erdscholle im Magmasee auf einem trudelnden Himmelskörper, einer von Billionen von Pluriversen, umgeben von schwarzen Löchern. Dagegen könnten diese Barbarinnen bereits anders entwickelte Menschen sein, die längst eine andere evolutionäre Richtung einschlagen als jene Heiligen und deren Anhang. Gelang es diesen Barbarinnen daher dem Gemeinspruch ›die Lust ist kurz, die Reu' ist lang‹ zu widerstreiten? Brechen somit die Nächte des Teufels aus? Nietzsches Teufelslärm der freien Geister? Haben sich die Menschen somit als Hexen evolutionär weiterentwickelt? Hexen bzw. Teufelinnen mischen aus dem Abschied von traditionellen Werten, aus dem Rausch, aus erotischer Lust und Liebe ihr eigenes Lebens- und Liebesspiel. Aber fromme Christen halten den Menschen für unveränderlich und werden versuchen, die Seelen solcher Nachtschwärmerinnen zu retten, die die Liebe mit Lust aufladen und sich dem Rausch der Nacht hingeben.[6] Wir wollen keine Prognose wagen, welche Aussichten auf Erfolg sie damit haben werden!


*3. Gott als Lebensabschnittspartner.* Manches spricht für den Anbruch der Nächte der Hexen, wenn sich die Menschenwelt selbst in Auflösung befindet, genauer die traditionellen Wertordnungen, die alten, einst vermeintlich stabilen Realitäten zunehmend in den Trubel der Welt gerissen werden. Noch der den Nazis nahestehende spätere Soziologe Arnold Gehlen beklagt die Reize, die den Menschen in der kapitalistischen Gesellschaft überfluten. Monotone, rhythmische Gleichförmigkeit gehöre stattdessen zum Wesen des Menschen wie der Technik. Daher passen sie angeblich so gut zusammen. Der Mensch braucht – so Gehlen – die Technik, um als unspezialisiertes Mängelwesen zu überleben. Dergleichen aber setzt den Menschen unter permanenten Handlungszwang, von dem ihn die technischen wie die gesellschaftlichen Ordnungsstrukturen entlasten sollen. Der Mensch könne doch nicht erst einmal vor jeder Handlung nachdenken. Auch die Kunst bietet keine Entspannung mehr: »Und auf eines muss man gleich verzichten«, so Gehlen, »auf die Stille, den Seelenfrieden, die einst von der Schönheit unabtrennbar waren, auf die Bestätigung des Gültigen, auf die Vollkommenheit des Insichruhenden. Denn was modern ist, hat Teil an der nervösen Überlebendigkeit, die Nietzsche zuerst an den Werken Wagners auffand.«[7] In der Tat gab es mal eine Disco-Schnulze: *Saturday Night Fever.*

Doch die traditionellen Ordnungen zerfallen nicht von sich aus, sodass die Menschen plötzlich im Regen stehen. Die Menschen selbst, genauer die neuen Teufelinnen lösen sich von diesen Strukturen. Im Zeitalter der Individualisierung ziehen sehr viele die unvermeidliche Reflexion vor jeder Handlung dem technischen Rhythmus vor. Woody Allens *Stadtneurotiker* bedauert zwar einen Sinnverlust angesichts eines Mangels an rhythmischer Gleichförmigkeit des Lebens insgesamt, lässt sich aber kaum noch irgendwelchen Sinn einfach vorbeten. Das ist im schlichten Wortsinn unglaubwürdig geworden. Da denkt und redet er lieber ununterbrochen ähnlich wie die Menschen in Eric Rohmers Filmen, während im Hintergrund Rockmusik erklingt – was alles zusammen gregorianische Choräle mit ihrer Seelenruhe zu einer Weihnachtsmusik am zweiten Weihnachtsfeiertag reduziert, wenn der Geschenk- und Gourmetreigen langsam übersättigt erlahmt und manche schon an das nächste Weihnachten denken.

Manche flüchten vor dieser Hektik und den Barbarinnen in Sekten. Andere richten sich dagegen mit dem Bewusstsein der Unsicherheit, Unübersichtlichkeit und des Denkzwangs ein. Sie bewegen sich selbst flüchtig von einem Interesse zum nächsten, verlangen manch-

23

mal nach stabilen Renten, vor allem dann, wenn es auf solches Alter zugeht. Ethische Werte gelten indes nicht mehr lebenslang und allgemein, sondern optional, in bestimmten Lebensabschnitten, die auch mit diversen Partnern versorgt werden. Natürlich widerlegt es keinen lebenslangen Atheisten, wenn er auf dem Sterbebett die Website des lieben Gottes zu ersurfen trachtet. Es gibt bestimmt eine, vielleicht unter www.god.com. Die Zeitgenossinnen rekurrieren auf die Religion bei Bedarf.

Ist das ein Problem? Für Dietrich Bonhoeffer schon, der darin Gott auf die Lückenbüßerfunktion reduziert sieht. Das ist indes kein pragmatischer Umgang mit der Religion. In vielen Lebensabschnitten interessieren sich die Barbarinnen nun mal nicht für einen Gott. So bleibt Gott nichts anderes, als sich mit der Flüchtigkeit und Unstetigkeit dieser Hexen zu arrangieren, noch dazu wenn diese Flüchtigkeit, diese Art ethischen Flanierens von einem Wert zum nächsten zu einer bewunderten Haltung avanciert und sich nicht mehr als schlicht unmoralisch desavouieren lässt, eine Haltung, die vielmehr selbst in eine Ethik, ja vielleicht sogar in eine Religion hinein ausläuft. Hat das der Nazarener nicht selbst versucht? Hat der Turiner Philosoph Gianni Vattimo nicht recht, wenn er schreibt: »Vielleicht ist gerade Voltaire ein positiver Effekt der (authentischen) Christianisierung der Welt und kein Gotteslästerer und Feind Christi.«[8] Das war er sowieso nur im eingeschränkten Sinne. Wer im Atheismus Hilfe sucht, der sollte sich lieber an den Baron d'Holbach wenden. Dieser war zwar seiner Ehefrau treu, hatte aber zumindest einen gutsortierten Weinkeller. In seinem Salon wurde gerne der Lust gehuldigt und den Göttern gelästert. So bemerkt Philipp Blom in seinem spannenden Buch *Böse Philosophen* über Diderot und Holbach: »Zu ihren großen Verdiensten gehört es, dem menschlichen Körper zum ersten Mal eine sichere und positive Rolle in der Philosophie zugestanden zu haben.«[9]

Dergleichen gefiel weder Robespierre noch Napoleon, geschweige denn den Nationalstaaten des 19. Jahrhunderts. Sie verdrängten en passant denn auch noch gleich die andere unliebsame Seite dieser radikalen Aufklärer: »Es ging darum, das menschliche Wesen ganz neu zu denken, die Beziehungen zwischen den Menschen neu zu ordnen und der Gesellschaft eine andere, aus materialistischen Prinzipien erwachsende Form zu geben. Auf lange Sicht war dies vielleicht der wichtigste und am meisten vernachlässigte Aspekt ihrer philosophischen Hinterlassenschaft.«[10] Vor allem Marx wird sich später darauf berufen, was Holbachs Ruf auch nicht gerade förderte.

4. *Bierseligkeit oder ›morgens einen Joint‹*. Wollte im Salon von Baron d'Holbach noch jemand einen klaren Kopf behalten? Dafür heute um so mehr: Die Antiraucher, die Antialkoholiker, die Feinde der Magic Mushrooms, die Gegner von LSD, Kokain, Heroin und Marihuana. Doch keine europäisch geprägte Welt der letzten Jahrtausende lebt jenseits der Drogen. Utah mag eine Ausnahme sein.

Doch dass der Rausch ein öffentlich anerkannter Wert wird, das ist zumindest für die letzten Jahrhunderte eher ungewöhnlich und begründet die Feindschaft der Rausch-Gegner. Welcher Popmusik-Kanal im Rundfunk präsentiert indes Nüchternheit und Zurückhaltung? Ob Moderatoren, Passanten oder Musiker, sie müssen sich alle wie verrückt gebärden, sie müssen berausch erscheinen. Selbst kirchliche Jugendorganisationen versuchen dergleichen ohne Drogen nachzuäffen: »Stark im Leben ohne Alkohol und Drogen«, wahrscheinlich aber beim Psychiater. Das bestätigt nur, dass sich die Dynamik des Denkens berauschtem Bewusstsein verdankt: Beten bis zur Ekstase. Oder ›wer zweimal mit demselben …‹ Friedrich Nietzsche erkannte diese Tendenz im antiken Trauerspiel. In der Wagnerschen Musik kehrt sie neuzeitlich zum ersten Mal in Europa wieder, bis Anfang des 20. Jahrhunderts die erste afrikanisch inspirierte Musik, der Jazz, aus den USA nach Europa herüberschwappte. Interessant dass sie diesen Umweg nehmen musste.

Der langjährige Nazi-Kanzler hat Wagners Musik missbraucht, nämlich in den Dienst der Massenhysterie gestellt. Dessen Chef-Propagandisten wussten um den Bann der Nacht. Der Rausch der Massen ist allerdings nicht nur gefährlich, sondern vor allem abstoßend. Hierbei integriert der Rausch das Individuum wie mit Weihrauch in die Gemeinde. Im Rausch, so Nietzsche, verliert sich das *Principium individuationis,* das sich im Apollinischen realisiert. Im Konzertsaal und erst recht bei Rockkonzerten im Stadion ist der Besucher Nachbar, gleicht sich an den Nachbarn an.

Doch das Prinzip des Dionysischen antizipiert zugleich die Prozesse der Individualisierung. Das Apollinische, die geistige Klarheit gilt bis heute als die Struktur des individuellen Bewusstseins. Doch diese Art der Klarheit verlangt von der einzelnen Anpassung an bestimmte Standards derselben. Diese avancieren zur Klarheit der Gemeinschaft. Wer zu dieser Klarheit vorstößt, integriert sich automatisch in deren Denkweisen: Der Marxismus-Leninismus oder die heute dominante

Analytische Philosophie, die sich aber immerhin im Niedergang befindet. Derart verbleibt das Individuum in die Allgemeinheit eingebunden. So hofften alle politischen Strömungen auf einen Automatismus, der den Gegensatz von Individuum und Gemeinschaft, den die moderne Gesellschaft seit ihren neuzeitlichen Anfängen beherrscht, in Klarheit, Wahrheit und Objektivität auflösen sollte. Die *Dialektik der Aufklärung* transformierte diese Klarheit in die Logik der Maschinen, der großen Systeme, der militärisch organisierten Gesellschaft, die noch den Sozialismus beseelte und allemal auf den Gemeinspruch hoffte.

Der Sozialismus konnte schon gar nicht begreifen, dass die Logik der Individualisierung nicht nur eine größere Effizienz birgt, sondern auch in viel stärkerem Maße fasziniert – nicht zuletzt, weil sich mit der Individualisierung im Zuge der 60er Jahre die Droge verbindet – von der noch Coca Cola namentlich kündet. Vor allem wer gesellschaftlich nicht anerkannte Drogen nimmt, entzieht sich stärker als mit den sozial erlaubten Drogen den gesellschaftlichen Normen. Der Rausch der Hippies, wahrscheinlich noch vielmehr derjenige in den Diskotheken bis hin zur Techno-Musik ebnet die Wege der Individualisierung, wenn sich die Barbarin den gesellschaftlichen Normen zu entziehen lernt, ihre eigenen und natürlich diejenigen ihrer Peergroup verfolgt, für die sie sich ja schließlich selbst entscheidet, mag sie auch auf noch so krummen Wegen in diese geraten sein, um letztlich ihr Leben nach eigenen Vorstellungen zu leben, d. h. nach solchen, die sie sich zusammenstellt und wählt. Das scheitert natürlich jedes Mal, um den Gemeinspruch zu bestätigen und wird trotzdem immer wieder probiert. Empirisch kann man zwar jeder Hexe zu jeder Zeit die Autonomie und Mündigkeit absprechen. Doch lässt sich das nun mal auf jedermann – auch auf Jesus Christus, Paulus, Mutter Teresa, Mick Jagger, Karl Marx und Immanuel Kant – übertragen. Auf diese so individuelle wie peergruppenbildende Weise verändern sich die sozialen und politischen Welten.

Die legale Droge dagegen diszipliniert und passt an: der Biergarten, die Zigarette danach, genauer nach der Schlacht – und neuerdings draußen vor der Tür. Eine Chance für den Tabak. Denn die illegale Droge individualisiert, obgleich ihr manche zum Opfer fallen, da das Individuum erst selbst und für sich den Umgang mit der Droge lernen muss, ohne dass die Gesellschaft dabei hilft – im Grunde doch ein Vorteil. Aber wie viele Menschen kommen nicht auch durch Trunkenheit um, während die Gesellschaft fleißig hilft, oder es ausnützt, sie trunken in den Krieg zu schicken. Sie will ihren Mitgliedern den Gebrauch von Drogen indes regelmäßig nur ausreden, anstatt dass sie dazu beizutragen versucht, dass die Menschen lernen, damit umzugehen. Das hieße, sich durch Drogen ein Maximum an Genuss bei möglichst geringer Reue zu verschaffen. Wer mal zwanzig Jahre geraucht hat, kann gar nicht mehr so lange daran sterben. Also wird die Reue allemal kürzer als das Vergnügen.


5. *Kreischende Beatles-Fans.* Dabei gäbe es wirklich nur eine Waffe gegen diesen für die Gesellschaft hoch gefährlichen Effekt der Individualisierung, nämlich die Legalisierung und Integration solchen Rausches in die soziale Konformität – was nebenbei gesagt auch der Mafia und den Taliban ihre ökonomische Grundlage entziehen

würde. Das wäre natürlich ein äußerst langfristiger Prozess und versuchte, die Individualisierungstendenzen zu resozialisieren, sie also in gewisser Hinsicht dadurch aufzuheben, dass man abweichendes Verhalten verallgemeinert.

Doch die Rauschgiftdezernenten wissen, warum sie dem nicht zustimmen können. Und zwar weniger – wie viele mutmaßen –, um nicht ihren Job zu verlieren, als vielmehr, weil jeder Droge die Gefahr innewohnt, das Individuum zunächst von sozialen Normen abzukoppeln und es weiter zu autonomisieren – Kommunitarier nennen das ›atomisieren‹. Deshalb versucht man umgekehrt sozial und politisch seit Beginn der Emanzipationsprozesse und der Menschenrechte im 18. Jahrhundert die Individuen zunehmend zu disziplinieren. Bis Omis – also unser – Kaffeekränzchen gepflegt kokst, das dürfte den Rauschgiftbehörden zu lange dauern, noch dazu wenn die Omis immer älter werden. Doch solche Integration misslingt sogar häufig den gesellschaftlich anerkannten Drogen, vielleicht sogar zunehmend, je mehr man sie sozial bekämpft – man denke an Charles Bukowski. Nur im Krieg bedienen sich die Offiziellen bedenkenlos der Drogen, der Trunkenheit, zogen die US-Soldaten mit Marihuana in den Vietnamkrieg. Der Prozess der Individualisierung wird sich also durch das Verbot von Drogen weiter beschleunigen, und zwar je mehr er im Geheimen stattfindet, werden illegale Drogen doch in allen Schichten der Gesellschaften konsumiert.

Das Dionysische prägt die individualisierte Gesellschaft mit all seinen Auswüchsen, vor allen Dingen mit der Reduktion besinnungsloser Solidarität, die nicht selten von besinnungsloser Individualität abgelöst wird, und formiert sich diese auch in der Masse der kreischenden Besucher eines Beatles-Konzerts in den frühen Sechzigern. So erscheint heute das Argument immer weniger glaubhaft, dass man nur tun dürfe, was alle tun oder zumindest tun können. Es herrscht dionysisch nicht mehr die Klarheit: Wenn das alle tun – Wenn das alle täten; in beiden Fällen gilt dionysisch schlicht: Es tun nicht alle.

Und schrecklich wäre es, wenn alle es täten. Man geriete in den Massentourismus. Na ja, es gibt Schlimmeres, z. B. die Massenheere, wenn alle ihre Pflicht tun und mit unvermeidlich niederen Beweggründen – nämlich Dienst für den Sozialismus oder das Vaterland – andere vom Leben zum Tode befördern. Nicht viel anderes ließe sich prophezeien, wenn sich alle berauschten. Aber tun es nicht wirklich alle, nämlich Alkohol trinken und den Fußballern zujubeln? Fast alle.

Das Dionysische, das zunächst die Besinnung und Klarheit bekämpft, indem es das Bewusstsein diesen entzieht, führt nur über diesen Umweg zurück zu einem individuellen Bewusstsein, dem immer etwas Rauschhaftes eignet. Denn wer wäre wirklich seiner selbst bewusst, ohne in diesem Bewusstsein zumindest ein wenig zu schwanken? Seit Hegel weiß man, dass Klarheit ohne Verschwommenheit, ohne ihre Reflexion durch das Bewusstsein scheitern muss. Die Reflexion verzerrt indes jegliche Eindeutigkeit.

Seit Lacan bin ich ein anderer, eben nicht der, der ich bin, genauer den ich im Spiegel sehe und dessen ich mir bewusst zu sein scheine. Ich bin mindestens zwei, der im Spiegel und der andere, und noch viele weitere andere auf den unzähligen Fotos. Das Individuum braucht solche fragile Klarheit, die notorisch durch Wahnsinn verdunkelt wird, die vom eigenen Wahnsinn ahnt: als nächtlicher Blick ins Trübe, Unscharfe, Verschwommene. Im anderen Fall gilt, was Enzensberger mal dichtete: »man stirbt auf dem stuhl, ehrlich gesagt, wenn man bedenkt wer man ist!«[11]

Ergo ohne Rausch keine Individualisierung, keine Emanzipation, keine Selbstgestaltung des Lebens, kein Widerstand gegen den Gemeinspruch, den schließlich die diversen Gemeinschaften den Individuen oktroyieren. Das alles stützt sich vielmehr auf das Trübe bzw. gleitet immer wieder dorthin ab, in die Nacht. Ohne Rausch auch keine ökonomische Effektivität! Keine soziale Liberalität! Auch keine Ökologie, die als human anerkannt werden will. Ohne Rausch gibt es nur Null-Toleranz. Indem die Barbarin sich berauscht, widerstreitet sie dem Gemeinspruch und damit der Überwältigung durch die Gemeinde, die diesen Gemeinspruch nicht nur propagiert, sondern sich auf ihn stützt.

Der Rausch, *verehrte Leserin*, beschleunigt den Prozess der Individualisierung. Ist das der Sinn der Achtundsechziger Parole? Setzt sie sich derart langsam durch? Lebenswährende Monogamie befindet sich jedenfalls auf dem Rückzug, stellt vor allem keinen ethischen Wert mehr dar. Gibt es noch jemanden, der in seinem Leben nur einen einzigen Sexualpartner hatte? Höchstens Erfolg- oder Glücklose aus welchen Gründen auch immer!


6. *Der arme Lazarus.* Natürlich entfaltet der Rausch ein hohes Gefährdungspotenzial der Kriminalität wie des individuellen Scheiterns. Doch es gibt nun mal nichts Gutes in der Welt, das man einschränkungslos gut nennen könnte, auch nicht den Rausch. Kant schreibt noch:

»Es ist überall nicht in der Welt, ja überhaupt auch außer derselben zu denken möglich, was ohne Einschränkung für gut könnte gehalten werden, als allein ein *guter Wille*.«[12] Heute reicht dieser indes längst nicht mehr, zieht der gute Wille schließlich manchmal böse Folgen nach sich, wofür der Einzelne trotzdem die Verantwortung trägt.

Auch das Gute, selbst Gott, besitzt seine Dialektik. Gott ist gut und böse zugleich – man denke an die Weisheit der antiken Götterwelt, oder auch an Abraham und Isaak, an Christus, der die Schriftgelehrten belehrt, die Händler aus dem Tempel vertreibt, Bäume verdorren lässt, Tote aufweckt, die dann nochmals sterben müssen, der sich am Kreuz opfert, anstatt mit Magdalena eine Familie zu gründen, um damit zum Genpool der Menschheit beizutragen. Was hätte aus der Menschheit nicht werden können, wenn sie ein paar göttliche Gene befeuert hätten? Zuletzt geistert der Nazarener dagegen wie Ödipus auf der Erde herum, grab- und leichenlos – beide haben dunkle Familiengeschichten –, und kann doch das Predigen nicht aufhören, bis er zunehmend magersüchtig definitiv die Bodenhaftung verliert. Man möchte ihm mit Ludwig Wittgenstein zurufen: »Wir wollen gehen; dann brauchen wir die *Reibung*. Zurück auf den rauhen Boden!«[13] Heute kann man die biblischen Taten des Nazareners schwerlich einfach als gut bezeichnen. Viele davon sind schlicht böse: den Baum verdorren lassen, die andere Hand abhacken beispielsweise oder gar den Anspruch auf absolute Wahrheit zu erheben. Die Bibel hätte dringend einen Godesberger Parteitag verdient.

Alle ethischen Einstellungen drohen der Bosheit auf den Leim zu gehen, manchmal bis dorthin, wo die Bosheit wiederum zur Güte wird: Wertezerfall und Dialektik der Werte, ihre Neugeburt. Selbst das Böse ist nicht mehr absolut böse: die heiße Hexe, der lüsterne Teufel. Es weilt höchstens jenseits der Diskutabilität. Und es wäre doch harmlos, würde man eine solche gute Kategorie wie das Böse auf Auschwitz anwenden. Das Böse charakterisiert daher nicht mal mehr so richtig den Rausch, der ja zu allem Möglichen gut sein kann und sei es nur, um die Gutmenschen zu reizen, damit sie etwas von ihrer Güte verlieren, jene mit dem klaren Verstand, die daher nicht bei sich selbst sind, jene die wissen, was wirklich gut ist, nämlich das Gesunde, das Natürliche, das regelmäßige Leben, das früh Zubettgehen und früh Aufstehen, was die Leistung trägt, wenn es noch dazu Kinder erzieht. Dann ist es doch klar: Kinder sind gut und Rauchen ist böse, der Morgen hat Gold im Mund, die Nacht gibt selbiges ja schließlich nur aus.

Ist es also doch nichts mit dem Guten des Bösen? Bleiben jene böse, die dem Gemeinspruch widerstreiten? Warum nicht! Sie wollen ja nicht so leben wie die Guten. Doch damit könnten sie den Guten vorführen, dass es viel schwieriger ist, zwischen Gut und Böse zu unterscheiden. Gelingt es derart den Bösen, sich mit der Achtundsechziger Parole wenigstens dem Gemeinspruch zu entziehen? Würde Wolf Biermann dazu singen: ›So soll es sein!‹? Wahrscheinlich nicht. Der Mann war damals schließlich Kommunist, ehrenwerte Leute, die man immer gebrauchen kann, da sie nie die silbernen Löffel stehlen, sondern die Silbermine, was ihnen indes seltener gelingt, als den Lottojackpot zu knacken.


*7. Feminismus und Verbürgerlichung.* Sich mit dem Gemeinspruch anzulegen, erweist sich jedoch keinesfalls als einfach. Zu viele Fußangeln und Mausefallen sind in der Nacht ausgelegt, in denen sich die Barbarinnen zu verheddern drohen. Da hilft es kaum, wenn die Einzelne beim wievielten Gebrauch der Lüste auch immer aufpasst und sich zumindest keinen Partner sucht, der gerade Kinder will oder Abtreibungen grundsätzlich ablehnt. Dagegen traten gerade nach jenen Achtundsechziger Zeiten Frauen feministisch auf, wollten Kinder und ihre Lover als Ehemänner in die Pflicht nehmen. Sie bemerkten wohl nicht, dass sie damit ihre Mütter kopierten, nur dass sie den Sex schon vor der Ehe und eine Weile mit dem einen und dem anderen praktizierten. Solche Zeitgenossinnen brauchten dann jene Softies, emanzipierte Männer in der Männergruppe, die auch nichts dagegen hatten, Vater, Ehe- und womöglich Hausmann zu werden – also eigentlich traditionelle Männer, nur in der Latzhose, was ja für jene Frauen auch galt, die nur eine kurze Weile barbarisch mit dem Leben spielen wollten, um dann in eine lange Weile der Reue zu versinken. Aber im Gegensatz zu ihren Vätern wollten sie ihren Frauen die Hausarbeiten abnehmen – erklärten sie zumindest häufig – und sie durften nicht mehr wie ihre Väter in den Puff gehen: Im Grunde die bürgerliche Monogamie, nur noch etwas rigider und unter der Herrschaft der Frauen; aber warum nicht! Warum sollten nicht mal die Männer die Sklaven sein und die Frauen die Peitsche nicht vergessen?

Die meisten Achtundsechzigerinnen holte der Gemeinspruch selbst dann noch ein, wenn sie sich von derartigen feministischen Positionen nicht beeindrucken ließen und sich in den wilden Jahren mal de Beauvoir zum Vorbild genommen hatten bzw. sich wenn auch nur von Ferne an der Parole orientierten. Sie fingen sogar an, ihr Leben eigenständig zu gestalten, die ersten Vorformen der Lebenskunst. Doch irgendwann kehrten sie in den Hafen einer festen Beziehung ein und freuten sich an Kindern, Pflanzen, Hunden, Katzen und Pferden.

Manche von ihnen kämpfen heute zusammen mit den Enkeln gegen die Atomenergie. Denn zwischenzeitlich haben sie die Achtundsechziger Parole gegen jenen grünen Spruch eingetauscht: ›Wir haben die Erde von unseren Kindern nur geborgt‹, schließlich haben sie welche in die Welt gesetzt. Wer das nicht tut, borgt auch nicht, muss folglich auch nichts zurückgeben. So manche APO-Opis wandeln sich wie schon jüngere damit nicht ganz unversehens vom Lebenskünstler, der dem Gemeinspruch widerstreitet und berauscht versucht, sein Leben selbst zu gestalten, zum evangelischen Gutmenschen, der den Gemeinspruch nicht nur leider für wahr, sondern begeistert für richtig hält – eine Entwicklung, die viele heute mit Wohlwollen begleiten, scheint ihnen das nicht zu Unrecht dem Zerfall traditioneller Werte und damit den Barbarinnen zu widerstreiten.

Die meisten haben den Achtundsechziger Spruch sowieso nicht ernst genommen, war er ja schließlich auch nicht wörtlich gemeint, aber gegen jenen Gemeinspruch gerichtet: ›Die Lust ist kurz, die Reu' ist lang‹. Hätten sie ihn doch damals etwas ernster und nicht zu wörtlich genommen, nicht bloß als politische Parole, um die sozialen Verhältnisse zu verändern, sondern als Frage, wie man das eigene Leben nicht nur ein paar Jahre, sondern möglichst das Leben lang selbst gestaltet, ohne wieder Opfer des Gemeinspruchs zu werden. Dann wären sie länger Lebenskünstlerinnen geblieben, die die Lust maximieren und die Reue minimieren, nicht aber stolze Besitzer von Eigentumswohnungen. Immerhin haben sie kaum an der Börse verloren, betreiben sie zumeist nur Ethical Investment bei der Öko-Bank, die man noch im einstigen Kampf gegen den Kapitalismus mitgegründet hat.

8. *Nichts als Krankheit, Tod, Aggression und Krieg.* Behält folglich der Gemeinspruch im Sinne Kierkegaards Warnung vor dem Heiraten recht? Hilft dagegen auch die Achtundsechziger Parole nicht? Kostet das Leben nicht generell mehr, als man dafür erhält? Setzt sich die *Morgenröte* immer gegen die Nacht durch? Nützt alle Auflehnung dagegen einfach nichts? Besteht das Leben doch primär aus Leiden und Langeweile? Vor allem aber wird man immer genau das bereuen, was man tat, weil man sich immer einbilden kann, dass man mit der Alternative besser gefahren wäre? Oder weil wir schlicht mit dem Erreichten niemals zufrieden sind, das Begehren im Sinne Jacques Lacans immer weitertreibt?

Das Denken Arthur Schopenhauers, einer der vielen berühmten Außenseiter in der Philosophie des 19. Jahrhunderts – wie Kierkegaard, Marx und Nietzsche –, durchzieht ein tiefer Pessimismus, der sich auch in seinen Äußerungen über den Tod spiegelt: Man kommt »mit Bewusstsein in jeder Stunde seinem Tode näher, und dies macht selbst dem das Leben bisweilen bedenklich, der nicht schon am ganzen Leben selbst diesen Charakter der steten Vernichtung erkannt hat.«[14]

Abgesehen davon, dass sich die Auffassung, man nähere sich ständig dem Tode, einem deterministischen Weltverständnis verdankt – gelegentlich werden doch Menschen in letzter Sekunde vor dem Tod bewahrt –, darf man sich über diesen Pessimismus Schopenhauers eher wundern. Er ist weder wie Nietzsche Pfarrerssohn, noch beseelt seinen Vater ein tiefes religiöses Schuldbewusstsein wie im Fall Kierkegaard. Beider Väter waren Kaufleute und hinterließen ihren Söhnen gewisse Vermögen. Doch während es bei Kierkegaard nur für etwa 15 Jahre reichte und er, nachdem es aufgebraucht ist, im Alter von 42 Jahren 1855 prompt stirbt, ermöglichte es Schopenhauer bis ins hohe Alter von 72 Jahren ein unabhängiges Leben als reicher Bürger.

Seine Eltern entstammen weltoffenen Kaufmannsfamilien aus der freien Hansestadt Danzig, wo Schopenhauer 1788 geboren wird. Danzig wehrte sich damals noch unter dem Schutz des polnischen Königs stehend gegen preußische Begehrlichkeiten. Schopenhauers Vater, von Friedrich dem Großen 1773 in Potsdam empfangen, lehnte dessen Angebot des preußischen Bürgerrechts und der Niederlassungsfreiheit ab. Kurz bevor Danzig von Preußen angeschlossen wird, siedelte die Familie 1793 nach Hamburg über. Schopenhauers so gebildete wie selbstbewusste Mutter weigerte sich 1787 in Bad Pyrmont, mit der Herzogin von Braunschweig bekannt gemacht zu werden. Denn sie wäre dann als bürgerliche Frau zu einem Kniefall gezwungen gewesen. Nach dem Tod des Vaters 1805 bricht der Sohn die begonnene Kaufmannslehre ab und wendet sich der Philosophie zu. 1819 erscheint sein Hauptwerk *Die Welt als Wille und Vorstellung*. Er erhält eine Dozentur an der Universität Berlin, die aber im Schatten des damals übermächtigen Hegel bleibt.

Bis weit in die vierziger Jahre hinein findet auch sein Werk wenig Beachtung im gebildeten Publikum, aber vor allem innerhalb der Universitätsphilosophie, die ihn bis heute eher für einen Kauz, denn für einen Weisen hält, wie der Vordenker der heute dominanten analytischen Philosophie, Willard van Orman Quine die Philosophen einmal einteilte. Doch Schopenhauers bis dahin relativ vergeblichen Kampf um Anerkennung kann man schwerlich für seinen Pessimismus verantwortlich machen. Denn diesen formuliert er schließlich bereits in *Die Welt als Wille und Vorstellung*.

Eher erklären just die Inhalte seiner Philosophie diese mangelnde Resonanz. 1819 hatte die Romantik das Zeitalter der Aufklärung längst beendet. Immanuel Kants Versuch, die subjektiven Grenzen der Vernunft zu bestimmen, wurde gleich von zwei Seiten aufgelassen. Entweder erweiterte man wie Hegel die Vernunft idealistisch auf der Ebene des Geistes wieder ins Unendliche und Grenzenlose. Oder man situierte sie materialistisch wie Marx in der Welt der erfahrbaren Dinge. Ob idealistisch oder materialistisch, die Vernunft kann auf beide Weisen sich selbst wie die Welt vollständig durchschauen und beherrschen, sodass der technische und der soziale Fortschritt keine Grenzen mehr zu kennen scheint.

Schopenhauer dagegen hält an der Unterscheidung von Subjekt und Objekt fest. Der Mensch als Subjekt erkennt Gegenstände in der Welt als Objekte durch Verstand und Vernunft, die aus den Objekten erst Objekte, nämlich bestimmte Vorstellungen für das Subjekt machen: *Die Welt als Vorstellung*. Das Subjekt ist in der Erfahrungswelt die Bedingung aller Erkenntnis, die dadurch eine Beschränkung erfährt. Das Ding an sich, bemerkte Kant, wird vom Subjekt niemals erfasst. Es bleibt bei einer subjektiven Vorstellung eines Gegenstandes. Das Ding an sich als unhintergehbare Grenze der Erkenntnis und somit von Verstand und Vernunft gibt es dagegen weder bei Hegel noch bei Marx.

Doch Schopenhauer beschränkt die Vernunft nicht allein durch dieses unerfassbare und unhintergehbare Ding an sich. Der Mensch begegnet dem Ding an sich nämlich bei sich selbst. Kant dachte dabei nur an einen geistigen Prozess. Nach Schopenhauer begegnet der Mensch dem Ding an sich bei sich selbst in seinem Leib, der sich bewegt, weil er etwas will. So erlebt sich der Mensch selbst als einen Willen, den die Vernunft gerade nicht beherrscht, der vielmehr die Vernunft antreibt, der sich der Vernunft zu seinen Zwecken bedient: *Die Welt als Wille* – wenn ein dunkler Wille die Macht der Vernunft massiv beeinträchtigt. Schopenhauer bringt diese neue Psychologie von Unbewusstem auf die schlichte Formel: »Was dem Herzen widerstrebt, lässt der Kopf nicht ein.«

Sigmund Freud betrachtete Schopenhauer daher als Wegbereiter der Psychoanalyse. Weder Gegner der Aufklärung noch der Vernunft ist Schopenhauer. Er erkennt nur früher als andere deren Grenzen, die nicht wie bei Kant allein in der Vernunft selbst liegen, sondern in einem Anderen der Vernunft, das Nietzsche als Wille zur Macht interpretieren wird und das Freud als Trieb und Unbewusstes diagnostiziert. So avancieren Schopenhauer, Nietzsche, Freud und Lacan zu Philosophen der Nacht, wenn der Urgrund des Denkens dunkel bleibt, der sich letztlich nicht erhellen lässt.

Doch in einer Zeit, in der man aber noch an die Beherrschbarkeit der Welt glaubte, stellte diese Einsicht eine tiefe Kränkung des Selbstbewusstseins dar, der Schopenhauer selbst unterlag. Wenn ein dunkler Wille, den er auf die ganze Natur ausdehnt, der noch in der Anziehungskraft der Materie sein Unwesen treibt, den Menschen bestimmt, dann sieht sich das Individuum diesem ausgeliefert. Die Erfahrungen von Krankheit, Tod, Aggression und Krieg bestätigen diese Konzeption und führen in eine resignative Haltung.

9. »Man muss nur hübsch alt werden«. Trotzdem entfaltet sich seit den fünfziger Jahren des 19. Jahrhunderts langsam Schopenhauers Ruhm. Seine Ideen beginnen zu wirken und beeinflussen fortan vor allem auch viele Künstler. Denn in seinem Hauptwerk antwortet er auf die Übermacht des Willens und die Ohnmacht der Vernunft einerseits mit einer Flucht in die Kunst, die von der Dominanz des Willens befreit. Andererseits vermag der Mensch durchaus mit anderen mitzuleiden, avanciert das Mitleid zur ethischen Triebfeder. Oder man nimmt eine resignativ gelassene Haltung gegenüber dem düsteren Triebgeschehen in der Welt ein.

In den Aphorismen zur Lebensweisheit, die Anfang der fünfziger Jahre erscheinen und ihn nachhaltig bekannt machen, sucht Schopenhauer dagegen nach Wegen, wie man unter Bedingungen des Leidens nicht völlig resignieren muss, sondern noch ein kleines Glück finden kann – eine Perspektive, die die Philosophie der Lebenskunst im 20. Jahrhundert aufgreifen wird. Diese Fragestellung setzt auch sein letztes von zahlreichen Manuskriptbüchern mit Notizen fort, das Schopenhauer von 1852 bis zu seinem Tod unter dem Titel Senilia schreibt. Darin heißt es 1859 programmatisch: »Jeder Tag ist ein kleines Leben, – jedes Erwachen und Aufstehn eine kleine Geburt, jeder frische Morgen eine kleine Jugend und jedes zu Bette gehen und Einschlafen ein kleiner Tod.«[15] Widerstreitet man auf diese Weise doch dem Gemeinspruch und nicht durch die Achtundsechziger Parole?

Besonders nachhaltig wohl nicht, hätte er dazu denn doch die Nacht gebraucht, in der man nicht bloß schlafen möchte. Letzteres kann man schließlich auch am Tag, was den Vorteil hat, dass man dann nicht beim Tagwerk der anderen zuschauen muss.

Franco Volpi, einer der großen Vermittler zwischen der italienischen und deutschen Philosophie, beendet sein Vorwort der *Senilia* mit einer Bemerkung, von der indes alle Ironie abfällt, wenn man weiß, dass ihm 2009 im Alter von 57 Jahren auf dem Fahrrad von einem Auto die Vorfahrt genommen wurde: »Die Schlussfolgerung unseres zähen Pessimisten ›Schopenhauer‹ – letztlich ein gut unterrichteter Optimist – ist ziemlich einfach: ›Man muss nur hübsch alt werden; da gibt sich Alles.‹«[16]


*10. Wenn plötzlich jeder die Zeitung lesen will, Auto fahren und Fleisch essen.* Wollte die Achtundsechziger Parole die ethischen Werte einfach umkehren, um den Gemeinspruch zu widerlegen, so endete diese Umwertung der Werte häufig unbedacht im naturverbundenen Sinn des Überlebens der Gattung. Mag ein Resthedonismus hier und dort selbst unter wenigen Ökologen geblieben sein, die zunächst radikale Linke waren. Die Ökologen der ersten Stunde hatten damit nie etwas im Sinn. Sie waren entweder Naturfreunde oder Esoteriker, denen es allemal um die Einpassung der Menschen in Naturordnungen geht, nicht darum, dass diese nicht genug Lust bekommen können oder ihr Leben gar nach eigenen Vorstellungen gestalten sollen. Nein, genau der Individualismus ist den grünen Esoterikern ein Dorn im Auge, da dieser in der Tat wesentlich zur Naturzerstörung beiträgt, wenn plötzlich jeder die Zeitung lesen will, Auto fahren und Fleisch essen. Stattdessen muss man den Menschen wieder natürliche Mores lehren, wie sie tagsüber im Einklang mit der Natur zu leben haben, vor allem der Masse der Armen, die gemäß elitärer Ökologen ob ihrer Vielzahl nun mal primär Verzicht zu leisten haben und das verlangt vor allem, abends früh ins Bett zu gehen.

Doch weniger die Antihedonisten, ob als Familienhelden, Kämpfer gegen den Feminismus oder neue Prediger von Pflichten – der Vatikan spielt dabei eine untergeordnete Rolle –, bemühen sich erfolgreich um eine Restauration, als vielmehr die Gesundheitspolitiker, die sich als Biopolitiker im weitesten Sinne des Wortes präsentieren, ob sie nun Sport und gesundes Leben, Bio-Kost, gesunde Umwelt, medizinische Vorsorgeuntersuchen, Impfkampagnen, Gen-Tests propagieren, oder gegen Drogen aller Art ankämpfen. Allemal kommt es nicht auf die Lust an, sondern auf die Gesundheit als umfassendes Modell, auf das sich zentrale politische und soziale Diskurse ausrichten, bei dem die traditionelle Familie allerdings in den Hintergrund getreten ist.

Nichtsdestoweniger verstärkt das Gesundheitswesen besagten Gemeinspruch noch erfolgreicher, als es die katholische Kirche je vermochte. Denn mit dem Gesundheitswesen hat sich eine hegemoniale Institution entwickelt, die das Leben der Zeitgenossinnen und vor allem deren Gestaltungsmöglichkeiten nachhaltig antihedonistisch beeinflusst, um die Menschen davon abzubringen, sich an der Lust zu orientieren. Denn der primäre Imperativ, dem das Gesundheitswesen nicht allein aus Kostengründen, sondern auch aus Sicherheitsdenken folgt, lautet: Lebenssicherung! – eine Philosophie des Morgens, denn man muss im Krankenhaus früh schlafen und wird früh geweckt. Da folgt der Gebrauch der Lüste höchstens in zweiter Linie, höchstens Sonnabend und in der Regel auch nur dann, wenn man daran gut verdient!

*11. Abtreibung und Gottes Segen.* Daher muss man an dieser Stelle an die Intention jenes flotten Achtundsechziger Spruches erinnern, nämlich daran dass damals flankierend, um dem Gemeinspruch ›Die Lust ist kurz, die Reu' ist lang‹ zu widerstreiten, für die Abtreibung plädiert wurde, kann ein ungewolltes Kind der Barbarin doch das ganze Lebenswerk – und sei es auch nur ein utopisches Projekt – gründlich verderben. So einzigartig wie ein Neugeborenes ist auch der jeweilige Lebensplan, der dann nicht nur nie in die Tat umgesetzt würde, der vielmehr das eigene Leben auf die schiefe Bahn der Elternschaft bringen und in den Dienst der Gemeinschaft stellen würde. Das muss niemand akzeptieren, man darf sich dem um seiner selbst willen berechtigterweise entziehen.

Weil allerdings viele Zeitgenossinnen schöne Pläne machen, aber häufig völlig unfähig sind, davon auch nur einen Bruchteil zu verwirklichen, nehmen sie dann das Kind als Gottes Segen und als Lebenssinn hin, fragen höchstens am Ende, wozu dieses Leben eigentlich gut war. Böse Zungen würden jetzt fordern, man verbiete die Abtreibung nur jenen, die zum eigenen Leben nicht fähig sind. Das wäre richtig. Nur weiß man das bekanntlich erst hinterher, und auch kein himmlischer Großrechner – also jener Gott selbst – könnte das vorhersagen. Es werden folglich gewisse Leben nicht gelebt und trotzdem gewisse Kinder nicht geboren. Das ist der Preis dafür, dass die Barbarinnen beanspruchen, ihr Leben selbst zu gestalten und zwar wider den Gemeinspruch, wiewohl nicht unbedingt im Sinne der Parole. Ein Problem, mit dem sich die Männerwelt natürlich genauso konfrontiert sieht, um nur nebenbei daran zu erinnern, dass ich das allermeiste, was ich hier über Frauen sage, auch für Männer gelten lassen möchte.

Während die Gegner jeglicher Abtreibung im Namen solcher zu sprechen behaupten, die noch keinen Namen haben, und glauben, anderen ihre Prinzipien oktroyieren zu dürfen – natürlich im Dienst des höchsten Prinzips, nämlich des Lebens –, gilt das umgekehrt nicht. Die Befürworter der Abtreibung zwingen niemanden, ihre Auffassung zu teilen oder gar sich an Abtreibungen zu beteiligen. Die Prinzipien der Toleranz und der Wahl der eigenen Lebensform haben sie sicherlich auf ihrer Seite. Das Prinzip des Lebensschutzes bei Embryonen hochzuhalten, ist absurd, solange die Geborenen in großer Zahl im Elend leben. Wer das Leben verteidigen will, der sollte sich um die Bekämpfung der Armut kümmern, damit den Lebenden, den Namen Tragenden, ein besseres Leben ermöglicht wird, das ihnen ungewollte Kinder nur noch weiter erschweren würden. Aber die meisten Abtreibungsgegner sind Befürworter des Gemeinspruchs und sie finden es durchaus richtig, den meisten Menschen ein Leben als Jammertal im Dienst der Gemeinschaft zu bereiten; denn diese gelten entweder als minderwertig, unfähig, verblendet, ungläubig oder man meint, derart ihre Seelen retten zu müssen.

Ob es den Abtreibungsgegnern dabei um das ungeborene Leben geht, darf daher bezweifelt werden. Antiindividualisten haben hier vielmehr eine Kampfzone entdeckt, um die Zeitgenossinnen in traditionelle Lebensformen zurückzudrängen. Sie bekämpfen alle Formen der Lebenskunst. Denn die Lebenskünstlerin will ihr Leben jenseits von traditionellen Lebensformen, ethischen Werten und nicht im Dienst der Gemeinschaft, sondern nach eigenen Vorstellungen gestalten. Jedenfalls tendenziell hat sich im Zuge der Individualisierung eine derartige Lebenskunst weit verbreitet.[17]

Dabei gehört zu den Lebenskünstlerinnen bestimmt nicht nur jene Gruppe, die Arnold Gehlen folgendermaßen beschreibt: Die »›Spannungsmenschen‹, in denen die ›schöpferischen Kräfte der Phantasie aufbrechen‹, (…) werden Designer, Maler, Modeschöpfer, Graphiker, Bildhauer und Regisseure‹. Dies alles sind funktionell höchst interessante Berufskreise, aus denen zweifellos, wie bisher, auch künftig Neuigkeiten hervorgehen werden. Aber ob hier der neue Mensch entsteht, das ist doch recht fraglich. Um mit Julien Freund zu sprechen, die Zukunft dieser Zukunft ist doch wohl die Vergangenheit.«[18] Nicht nur, dass Gehlen damit offenbar nicht Recht behielt. Diese Gruppe stellt sicherlich die Avantgarde der Lebenskünstlerinnen dar, zu der indes heute jede zählt, die sich um eine Selbstgestaltung des eigenen Lebens bemüht und dabei zumeist auch versucht, obwohl häufig vergeblich, dem Gemeinspruch zu widerstreiten, und zwar besonders dann, wenn sie sich noch an die Achtundsechziger Parole erinnert.


12. *Nicht das Volk sein wollen.* Doch es hat sich bis hierher gezeigt: Man kann den Gemeinspruch nicht spontan dadurch widerlegen, dass man jede Nacht mit einem anderen pennt. Die Emotionalität braucht wie der Rausch — ob ein erotischer oder einer, der sich den Drogen ver-

dankt – vielmehr ein gewisses Maß an Vorsicht, an *Sorge um sich*, damit dergleichen nicht allzu schnell den Kampf gegen den Gemeinspruch verliert, in die Familie führt, und sei es als Alleinerziehende, sich dem Gesundheitswesen anheim gibt, und seien es nur die Antidepressiva, sich Natur oder Gott unterstellt, wiewohl man weder vom einen noch vom anderen so genau sagen kann, was man damit meint.

So will ich im vorliegenden Text experimentell den Möglichkeiten nachgehen, diesem Gemeinspruch zu widerstreiten. Solche Möglichkeiten liegen sicherlich nicht in der blinden Hingabe an die Liebe, den Rausch oder die Natur, sondern einzig und allein in der klug entwickelten Perspektive für das eigene Leben – eine Option, die sich den Barbarinnen in den letzten Jahrzehnten eröffnete: Die Nacht braucht manchmal ein wenig Abendrot. Schließlich darf der Rausch nicht betäuben. Diese Option zu nutzen, verlangt von den Zeitgenossinnen jedoch, zu Lebenskünstlerinnen zu werden, eben ihr Leben nach eigenen Vorstellungen so klug zu gestalten, dass sie die Lust maximieren und die Reue minimieren, handelt es sich bei letzterer erstens um eine weitverbreitete Neigung und zweitens um eine religiöse Prägung.

Denn nur in diesem Widerstreit gegenüber dem Gemeinspruch liegen die Chancen einer humanen Kultur, wie sie der Begründer des Hedonismus Aristipp von Kyrene, ein Zeitgenosse des Sokrates, um 400 v. Chr. entwarf, sprach doch Aristipp als erster von Humanität. Das war damals schon und ist heute wieder eine Humanität des Individuums geworden, keine der Gattung. Denn um mit Charles Darwin zu sprechen: Der Forscher produziert die Arten. Die Lebewesen kümmern sich dagegen um die Arten nicht, die Arten selbst besitzen auch gar keine Absicht. Daher stellen die Arten ein Konstrukt gewisser Eliten dar, während nur das Individuum aus einer solchen Art für sich selbst steht. Das einzelne Lebewesen existiert, die Art sowenig wie die Gattung. Sie findet man höchstens im Himmel der Ideen. Gar solch ein Gattungsprojekt schafft regelmäßig die Bedingungen des Gemeinspruchs, den die Zeitgenossinnen akzeptieren sollen, damit sie der Gattung oder der Art und nicht dem eigenen Leben dienen. Doch wahrscheinlich auch nicht erst seit den Zeiten von 1968 bemühen sich die Barbarinnen immer wieder darum, sich dem Gemeinspruch zu verweigern – eine schwierige Angelegenheit.

Es »kömmt« dabei darauf an, Gattung, Art und Geschlecht zu hintergehen, aber nicht als Horde, als Proletariat, von Nation und Volk ganz zu schweigen, sondern als Einzelne, als Anarchin. Wie sagt doch Kierkegaard: »Das Bewusstsein von meiner Unsterblichkeit gehört mir ganz allein; gerade in dem Augenblick, wo ich mir meiner Unsterblichkeit bewusst bin, bin ich absolut subjektiv, und ich kann nicht unsterblich werden in Kompanie mit zwei anderen alleinstehenden Herren und der Reihe nach.«[19] Ihre Individualität gehört der Hexe ganz allein. Die selbsternannten Vertreter von Arten und Gattung können das nicht akzeptieren. Stattdessen verallgemeinern sie die Individualität nur und konstruieren aus Ähnlichkeiten ein Volk oder eine Menschheit. Individuell ist die Lebenskünstlerin nun mal nicht im Volk, in der Tracht, auf dem Oktoberfest oder im Fußballstadion, wo man das Volk konstruiert. Bei den beiden letzteren handelt es sich schließlich um Volksfeste. Doch für so ein konstruiertes Volk, das längst nicht nur Neonazis im Grunde tumbisieren, für *Helden der Familie,*

Vaterlandsverteidiger, die deutschen Soldaten des letzten Weltkriegs ist der folgende Text nicht geschrieben, sondern nur für jene, die sich im Volk nicht entdecken können, die nicht das Volk sein wollen und schon gar nicht mit diesem feste feiern. Denn der Text geht den Möglichkeiten nach, wie Hexen, Anarchinnen, Barbarinnen und ein ähnlich buntes Völkchen ihr Leben selbst gestalten, um derart allemal allem Völkischen, der Tradition des letzten Jahrtausends und vor allem dem Gemeinspruch zu widerstreiten.

Muß immer der Morgen wiederkommen? / Endet nie des Irdischen Gewalt? / Unselige Geschäftigkeit verzehrt / Den himmlischen Anflug der Nacht? / Wird nie der Liebe geheimes Opfer / Ewig brennen?

(Novalis, *Hymnen an die Nacht*)

## II. Gemeinde oder Individuum?

*13. Die Familienverräterin.* Manchmal werden sie ermordet, junge Frauen aus traditionell islamischen Familien, die ihr eigenes Leben zu führen versuchen. Sie wollen sich von der Familie nicht vorschreiben lassen, wie sie sich zu kleiden haben, ob sie Männer treffen dürfen, und schon gar nicht wollen sie verheiratet werden. Doch ihre Brüder betrachten die Schwester als Eigentum der Familie. Sie bestimmt nicht selbst über ihr Leben, das ihr nämlich nicht gehört. Sie gehört sich nicht selbst, sie gehört den Brüdern, dem Vater, den Onkeln, die über sie bestimmen und ihr die Lebensform vorschreiben. Sie trägt somit keine Verantwortung für ihr Leben, höchstens dafür, dass sie die ihr vorgeschriebene Lebensform vorschriftsmäßig ausführt. Sie ist somit auch nicht frei – wobei es hier zunächst nicht um politische, sondern um private Freiheit geht, zu der beispielsweise die Religionsfreiheit genauso gehört wie freie Wahl der sexuellen Orientierung. Just wenn sie solche Freiheiten beansprucht, werden ihr ihre Grenzen aufgezeigt. In einer fremden Kultur, die solche Unfreiheit nicht unterstützt, neigen Väter und Brüder dann immer wieder dazu, Tochter und Schwester zu ermorden. In einer Kultur, die sich auf dergleichen Strukturen stützt, handelt es sich dabei nicht um Mord, sondern um eine gerechte familiäre Bestrafung, wie es Yilmaz Güney in seinem Film *Yol* zeigt, wenn die Brüder ihre Schwester aus einem Bordell holen, sie in den Stall sperren, bis ihr Mann aus dem Gefängnis kommt, damit er sie selbst umbringen kann, um die Familienehre wiederherzustellen. In ihrem Verständnis morden sie nicht, handeln sie schließlich nicht aus niederen Beweggründen, sondern um der Ehre willen.

Genauso warf 1960 der damalige Ministerpräsident von Schleswig-Holstein und spätere Bundesverteidigungsminister Kai-Uwe von Hassel dem SPD-Kanzlerkandidaten Willy Brandt vor, mit seiner Emigration 1933 das Vaterland verraten zu haben. Man könne nicht abhauen, wenn es einem gefährlich dünkt, und in die Schicksalsgemeinschaft eines Volkes wieder eintreten wollen, wenn die Gefahr vorüber ist. Es ist also noch nicht so lange her, dass man in Deutschland genauso dachte wie familiäre Traditionalisten: Die Tochter gehört der Familie wie der Bürger dem Staat. Für diesen muss er sein Leben opfern und sich in die vorgegebenen Lebensformen fügen. Ein solches Verständnis vom Menschen kann sich auf die klassische Tradition von Platon und Aristoteles berufen. »Denn nach dieser Tradition bedeutet ein Mensch zu sein, eine Vielzahl Rollen einzunehmen, die alle ihr Ziel und ihren Zweck haben: Familienmitglied, Bürger, Soldat, Philosoph, Diener Gottes«[20], wie es sich Alasdair MacIntyre vorstellt. Dass einer emigriert, wenn ihm die politischen Verhältnisse widerstreben, dazu hat er kein Recht. So hat die DDR denn auch konsequenterweise eine Mauer gebaut, sich also nicht anders verhalten, als die Adenauerianer zur selben Zeit dachten, die somit im Geiste an der Mauer mitbauten, wenn besagte Schicksalsgemeinschaft auch einem Völkermörder zur Hand gehen muss: Dass der langjährige Nazi-Kanzler ein solcher war, das wusste man auch schon 1960, wiewohl es viele wie jener Minister nicht wahrhaben wollten. Just in deren Sinne darf sich dann auch ein Durchschnittsdiktator wie Ulbricht durchaus darüber beklagen, dass ihm die Leute davonlaufen!

»Endet nie des Irdischen Gewalt?« Die sich tagsüber politisch realisiert. Trotzdem muss die Nacht nicht unbedingt himmlisch ausarten. Höllisch würde reichen, wiewohl wir nicht wissen, ob es einen Unterschied zwischen Himmel und Hölle gibt. Und ewig sollte die Liebe auch nicht dauern. Das wäre die Hölle. Trotzdem darf selbst der Anarch hauchen, er werde die Lebenskünstlerin immer lieben, aber vielleicht nicht ganz so laut wie Whitney Houston.

14. Der ›Edel-Nazi-Kanzler‹. Nicht wenige denken heute noch protofaschistisch, wenn sie sich gegen die Abschaffung der Wehrpflicht wenden. Das Militär war doch mal die Schule der Nation und brachte den Untertanen Manieren bei. Beim militärischen Drill braucht man einen Befehl gar nicht zu verstehen. Der Gedrillte reagiert unmittelbar auf Zeichen. Das reicht nicht nur. Das ergibt eine neue Qualität des Gehorsams, der keinerlei Verweigerung mehr kennt, weil das Nachdenken verhindert wird.

Das war umso nötiger, als Menschen- und Bürgerrechte sich seit dem 18. Jahrhundert in der Welt ausbreiteten und sich manche Zeitgenossen doch glatt auf diese beriefen. Von dergleichen Überlegungen sollte der militärische Drill abbringen und eine Maschine erzeugen, die sogar die Todesangst verdrängt. Also darf man gar nicht darüber nachdenken, ob *right or wrong*, wenn es das eigene Land ist. Ganz vergessen muss man, dass das eigene Leben gerade verheizt wird. Wenn der Tod allgegenwärtig ist, dann achtet man auch nicht mehr auf die

Gerechtigkeit – ein Argument, das der Organisator des Holocaust 1961 vor Gericht in Jerusalem anführte. Dann ist auch jede Schandtat erlaubt, die man auf eigene Rechnung schwerlich begehen würde, kämen die meisten gar nicht auf solche gruseligen Ideen. Das im Dienst von Familie, Religion und Vaterland stehende Individuum verliert aber häufig jedes Gewissen und begeht derart entfesselt die schrecklichsten Verbrechen – wovon schon Nietzsche ahnte und was die Mafia tagtäglich vorführt. Die schlimmsten Verbrechen begehen kämpfende Gemeinschaften, zu denen auch Staaten zählen, die Individuen für sich alleine viel seltener. Wenn Menschen im Dienste einer Sache, welcher auch immer, Verbrechen begehen, sind hier die Beweggründe noch viel niedriger, als wenn einer mordet, um sich persönlich zu bereichern!

Und natürlich waren diese Deutschen bis hin zu jenem Minister wie jene zuvor angeführten Brüder und Väter in diesem Sinne auch nicht frei, sondern nur Handlanger der Tradition, die ihnen die Lebensform genauso vorschreibt. Fleißig berufen sie sich noch heute auf Befehle – man denke an jenen Ministerpräsidenten von Baden-Württemberg und ›furchtbaren Juristen‹ (Rolf Hochhuth) und an den ›Edel-Nazi-Kanzler‹ (Wolf Biermann) der ersten großen Koalition –, was Leute, die beim Militär dienten, eher nachvollziehen können als diejenigen, die dergleichen verweigerten. Heute stößt die Berufung auf Kommandostrukturen doch schneller auf Unverständnis, und zwar nicht erst wenn es um Kriegsverbrechen geht, sondern auch schon, wenn es nur um die deutsche Marineausbildung auf der *Gorch Fock* geht.

*15. Das Russell-Tribunal.* Letztlich müssen heute alle, ob Barbarin oder Traditionalistin, ihr Handeln selbst verantworten. Denn diese Verantwortung kann die Zeitgenossin in der westlichen Welt seit etwa einem guten halben Jahrhundert nicht mehr auf Institutionen und Autoritäten abschieben. Wer sich an Verbrechen beteiligt, kann sich nicht mehr auf einen Befehlsnotstand oder auf die Verantwortung der Vorgesetzten berufen. Dabei wiegt die Schuld jener, die zuschauten, wie aus ihrem Ort Menschen entführt wurden – das nannte man Deportation –, sicherlich weniger schwer, als jene die sich daran aktiv beteiligten. Solche Verbrechen verjähren auch nicht und lassen sich nicht durch ein späteres ordentliches Verhalten tilgen, was die modernen Zeitgenossinnen von den Protestanten übernahmen – ein daher unschöner Rigorismus. Der Kinderschänder oder der Nazi-Scherge entgehen ihrer Bestrafung auch nicht, wenn sie erst nach 20 Jahren entdeckt werden und in dieser Zeit ordentlich lebten.[21]

Zwar bestehen weiterhin nebeneinander einerseits Untertanenethiken, die die Verantwortung im normalen Leben auf die Vorgesetzten übertragen, und Verantwortungsethiken, die nicht nur in außergewöhnlichen Fällen den Untergebenen in die Verantwortung rufen. Letztere übertragen die Verantwortung für das eigene Leben weitgehend allen Menschen selbst: Man muss nicht mehr etwas Bestimmtes glauben, nicht mehr dem Staat dienen, die Rolle der Hausfrau und Mutter übernehmen. Man ist – auch in seinen sexuellen Orientierungen beispielsweise – frei, dafür aber auch für sein Leben selbst verantwortlich. Man muss es selbst gestalten bzw. entscheiden, welche Lebensform man übernehmen möchte.

Im Angesicht der deutschen Besatzung entdeckt Sartre die Verantwortung, die jeder für sein Leben trägt, nicht bloß führende Politiker oder edle Menschen, denen bereits Nietzsche Verantwortung zuspricht, als das Thema noch beinahe unbekannt war. »Ich bin ja für alles verantwortlich«, schreibt Jean-Paul Sartre 1943, »außer für meine Verantwortlichkeit selbst, denn ich bin nicht der Grund meines Seins. Alles geschieht so, als wenn ich gezwungen wäre, verantwortlich zu sein. Ich bin in die Welt *geworfen*, nicht in dem Sinn, dass ich preisgegeben und passiv bliebe in einem feindlichen Universum, wie die Planke, die auf dem Wasser treibt, sondern im Gegenteil in dem Sinn, dass ich mich plötzlich allein und ohne Hilfe finde, engagiert in eine Welt, für die ich die gesamte Verantwortung trage, ohne mich, was ich auch tue, dieser Verantwortung entziehen zu können, und sei es für einen Augenblick, denn selbst für mein Verlangen, die Verantwortlichkeiten zu fliehen, bin ich verantwortlich; mich in der Welt passiv machen, mich weigern, auf die Dinge und auf die anderen einzuwirken heißt immer noch mich wählen, (…).«[22]

Das hat man Sartre in allen politischen und religiösen Lagern nicht verziehen, mitten im Zeitalter des Untertanen die Menschen für frei und selbstverantwortlich zu erklären, hatte man sie doch gerade erst so hübsch gedrillt, dass sie jedem Verbrecher dienen oder sich zumindest im Krieg in den sicheren Tod treiben zu lassen. Damit antizipiert Sartre die heutige Situation, in der nicht bloß die Lebenskünstlerin die Verantwortung für die Gestaltung ihres Lebens trägt, sondern auch der Traditionalist, der noch in der überlieferten Ordnung lebt. Der SS-Scherge wird heute genauso verurteilt wie der Schwesternmörder. Mit dem Vietnam-Tribunal in den sechziger Jahren haben Sartre und Bertrand Russell an die Nürnberger Kriegsverbrecherprozesse angeschlossen und damit dem Den Haager Kriegsverbrechertribunal den Weg gewiesen.

16. ›So viel Unschuld in ihrer Schuld‹. Die Verantwortung hat allerdings ihren Preis. Innerhalb der modernen Welt – nicht nur jenseits ihrer Grenzen – klagen denn auch viele Menschen darüber, dass Ehen immer häufiger geschieden werden. Selbst jene, die die Werte der lebenslang währenden Monogamie für die richtigen halten und sich an ihnen orientieren, sehen sich davon bedroht. Denn sie können nicht ausschließen, dass ihnen dasselbe widerfährt, selbst wenn die Eheleute gemeinsam fromme Christen oder Muslime sind. Im Grunde sehnen sich viele nach der traditionell christlichen oder islamischen Welt, in der die Ehen noch stabil sind. Doch das verdankt sich nun mal der Sachlage, dass Frauen bevormundet werden und Männern gleichfalls eine bestimmte Lebensform aufgezwungen wird, dass die Menschen unter diesen Umständen keine individuelle Freiheit genießen, was eine katholische Orthodoxie gar nicht dementieren würde. Individuelle Freiheit erscheint als moderner Irrweg, während die traditionelle Familie die göttlich gewünschte Lebensform sei: Ein Sakrament, das höchstens der Stellvertreter Gottes scheiden darf und was er gemeinhin nur bei Mitgliedern der Oberschicht vornimmt. In diesem Sinn besteht Leo Strauss sogar darauf, dass sich die zentralen abendländischen Werte nicht wandeln, sondern immer gleich bleiben: »Es ist für Aristoteles wie für Moses offensichtlich, daß Mord, Diebstahl, Ehebruch etc. unbedingt schlecht sind. Griechi-

sche Philosophie und die Bibel stimmen insoweit überein, daß der richtige Rahmen der Moral die patriarchalische Familie ist, die monogam ist oder dazu tendiert und die die Zelle der Gesellschaft formt, in der die freien erwachsenen Männer, und besonders die alten, vorherrschen. Was immer die Bibel und die Philosophie uns über die Vornehmheit gewisser Frauen erzählen mag, im Prinzip beruht beides auf der Dominanz des männlichen Geschlechts.«[23]

In Europa herrschten ähnliche Verhältnisse noch, als man im Kleinbürgertum zu Beginn des 20. Jahrhunderts die Ehe als Überlebensgemeinschaft brauchte. Im Großbürgertum des 19. war sie einfach Regime. Niemand durfte sein Leben nach anderen Vorstellungen führen, jedenfalls nicht öffentlich. Theodor Fontane konnte noch keine glückliche Ehebrecherin schildern. In *L'Adultera* erklärt er sie nicht nur schon im Titel für schuldig. Er versalzt ihr auch ihr neues Glück, wenn der zweite Ehemann mit keiner Erbschaft mehr zu rechnen hat, weil die Firma von dessen Vater just zur Zeit des Ehebruchs in Konkurs ging. Zudem erklärt er Melanie van der Straatens Untreue beinahe als triebhaften Zwang, zu dem ihr ungehobelter erster Ehemann einiges beiträgt. Denn sie erfährt nur eine äußerst vorsichtige indirekte Verteidigung just durch letzteren, wenn dieser über das Gemälde Tintorettos, das den Titel des Romans trägt, bemerkt, es läge ›so viel Unschuld in ihrer Schuld‹. Da weiß der Gatte noch nicht, was ihm blüht. Dabei entfaltet Fontane genau die Strukturen, die Beziehungskrisen auslösen und in dem Augenblick zu Scheidungen führen, wenn dergleichen gesellschaftlich möglich und nicht mehr geächtet ist.

Heute kämpfen am Ende nur noch Teile der katholischen Kirche zusammen mit einem Haufen von christlichen und halbchristlichen Sekten gegen den unleugbaren Sittenverfall, den neue Lebensformen sowie die Sexualisierung der ökonomischen, der medialen und der Alltagswelt immer weiter beschleunigen. So befinden sich die traditionalistischen Kräfte auf dem Rückzug, auch die islamistischen Terroristen, die vom patriarchalischen Gottesstaat träumen. Momentan herrschen sie in keinem Land der Erde. In Afghanistan wurden sie 2001 vertrieben. Es wird sich zeigen, ob sie dort wiederkehren werden. Weder im Irak noch in Pakistan scheinen sie es momentan zu schaffen. Sie verbreiten schließlich vor allem in der islamischen Welt Angst und Schrecken. Der Westen ist davon bloß peripher betroffen. Nur alle paar Jahre ist es den islamistischen Terroristen bisher gelungen, größere Attentate durchzuführen. Doch um so mehr fürchtet man sich hier davor.

17. *Am Gesundheitswesen soll die Welt genesen.* An die Stelle traditioneller Werte treten denn auch Verantwortung und Freiheit, ohne die für viele Menschen trotz der damit verbunden Mühen das Leben nicht der Mühe wert wäre. Doch sie sehen sich von einer anderen Seite her bedroht. Dass der Vatikan die Freiheit der Nachtschwärmerin natürlich nicht anerkennt, dass er ihr die Abtreibung und die Pille verbietet, sie zum Sex in die Ehe zwingen, zur Mutter und Hausfrau machen will, diese Form der Bekämpfung individueller Freiheit und existenzialistischer Lebenskunst hat längst massiv an Einfluss verloren. Gegen die Lebenskunst der Selbstverantwortlichkeit entwickelte man nach dem letzten Weltkrieg in Ost und West ein viel wirksameres Mittel, nämlich den Sozial-

staat, der den Hexen überall die eigene Verantwortung beeinträchtigen oder gleich ganz abnehmen, aus den Teufelinnen Engel machen möchte, denen das Diesseits nicht so viel bedeutet, sodass sie sich, ohne groß zu murren, Brüste und Prostatas entfernen lassen.

Zudem verengt er die finanziellen Spielräume der Lebenskünstlerinnen einerseits. Andererseits schreibt er ihnen bestimmte Lebensweisen vor. Man zwingt sie in Rentenversicherungen, sodass sie nach Vorgabe zu einem bestimmten Zeitpunkt in Rente gehen müssen. Merkwürdigerweise gehen Künstlerinnen nie in Rente. Man nötigt ihnen Arbeitslosenversicherungen auf, die sie wiederum zu bestimmten Arbeiten verpflichten kann. Erst recht die Sozialhilfe soll die Menschen zu produktiven Mitgliedern der Gesellschaft erziehen, also einen bestimmten Arbeitertyp schaffen, der sich in die ökonomische Mobilisierung der Gesellschaft fügt.

Dabei handelt es sich durchgängig um paternalistische Strukturen, die jene widerständige Freiheit Sartres untergraben sollen, was sich vor allem im real existierenden Sozialismus zeigte, der gerade nicht auf Selbstverantwortung und Freiwilligkeit setzte. Doch der kapitalistische Sozialstaat steht dem in nichts nach. Wenn Sozialpolitiker eine größere Eigenverantwortung der Betroffenen anmahnen, heißt das nur, dass neben den direkten Beiträgen für den Sozialstaat noch zusätzliche erhoben werden, was die Spielräume weiter einengen soll, sodass sich die Menschen noch stärker lenken lassen müssen. Mit Verantwortung hat das gerade nichts zu tun, sondern stellt eine weitere Zwangssteuer dar, die man nur durch Arbeit aufbringt, also durch Zwangsarbeit.

Zwar schreibt man den Menschen heute weniger

bestimmte sexuelle Orientierungen vor. Doch man verpflichtet sie im Rahmen des Gesundheitswesens auf ein bestimmtes Gesundheitsdispositiv: Auf bestimmte Handlungen und sich unterwerfende Verhaltensweisen im Rahmen bestimmter Institutionen, bestimmter Respektspersonen, bestimmter Technologien, Gesetzestafeln und den entsprechenden Sanktionen vom Freiheitsentzug bis zur erhöhten Zuzahlung. Die Zeitgenossinnen werden dabei durchgängig zu Patientinnen erklärt, gerade wenn jede brav zur Vorsorgeuntersuchung pilgert. Da sie sich angesichts der komplexer werdenden medizinischen Leistungen den Überblick über die sinnvollen Maßnahmen gar nicht mehr zu beschaffen vermag, bleibt der Vertreter des Gesundheitswesens trotz aller Dementis der Gott in Weiß, der die Verantwortung trägt, während die einzelne ihre Rechte und ihre Verantwortung an der Garderobe abgegeben hat, wo diese aber im Grunde längst ständig verblieben. Das nannte Michel Foucault die Somatokratie: »Wir leben unter einer Herrschaftsform, für die die Pflege des Körpers, die körperliche Gesundheit, die Beziehung zwischen Krankheit und Gesundheit usw. zu den Zielsetzungen des staatlichen Eingreifens gehört.«[24] Heute spricht man wohl besser von Psychosomatokratie. Schließlich haben sich zu den Somatikern längst die Psychologen gesellt.

In ganz besonderem Maße kümmern sich die Gesundheitsbehörden um die Kinder, ja schon um das ungeborene Leben. Wenn eine Frau nicht rechtzeitig abgetrieben hat, dann gehört ihr Bauch wirklich nicht mehr ihr selbst. Sie muss sich vielmehr bestimmte medizinische Maßnahmen gefallen lassen, beispielsweise einen Kaiserschnitt. Schon in der Schwangerschaft werden

Frauen entmündigt, wenn sich der Staat berechtigt fühlt, sich seines zukünftigen Untertanen anzunehmen – eine Angelegenheit, die soweit ins Allgemeinbewusstsein eingedrungen ist, dass sie niemand mehr in Frage stellt.

Derart setzt sich das Leben der Menschen im medizinischen Zeitalter fort, in dem der Mensch von der Wiege bis zur Bahre medizinisch überwacht, betreut, kaserniert und verstümmelt wird – und das auch noch zumeist mit der (wenn auch oft zähneknirschenden) Zustimmung der Opfer. Wie bemerkt doch Ivan Illich: »Lebenslange ärztliche Beaufsichtigung (…) macht das Leben zu einer ununterbrochenen Folge gefährlicher Altersstufen, von denen jede ihre eigene Form der Bevormundung braucht. Von der Wiege bis ins Büro, vom Ferienlager des Club Méditerranée bis ins Leichenschauhaus wird jede Alterskohorte durch ein Milieu konditioniert, das definiert, was für die einzelnen Altersgruppen als Gesundheit zu gelten hat. (…) Von Stockholm bis Wichita prägen die hochragenden Kliniktürme der Landschaft die unübersehbare Verheißung einer totalen klinischen Betreuung auf. Für Arme wie Reiche wird das Leben zu einer Pilgerfahrt, deren Kreuzwegstationen – Sprechzimmer und Wartezimmer – zurück zum Ausgangspunkt führen: in die Krankenstation.«[25]

War im Mittelalter für das Seelenheil aller überall gesorgt, war das Land mit einem flächendeckenden System von Kirchen und Kirchenvertretern übersät, so soll heute für das Körperheil möglichst aller gesorgt werden. Es gilt als ein staatliches Fehlverhalten, wenn das Gesundheitssystem nicht funktioniert. »Zu Zeiten des Mittelalters«, so der US-amerikanische politische Philosoph Michael Walzer, »sah es in Europa wie folgt aus: Die Betreuung der Seelen, die Seelsorge, war eine öffentliche Angelegenheit, die der Körper hingegen Privatsache. Heute ist die Situation in den meisten europäischen Ländern umgekehrt; eine Verschiebung, die sich am besten erklären lässt als ein grundsätzlicher Wandel im allgemeinen Verständnis von Seele und Körper. In dem Maße, in dem wir das Vertrauen in die Heilung unserer Seelen verloren, ist unser Glaube, wenn es nicht bereits eine Obsession ist, an die Heilbarkeit unserer Körper gewachsen.«[26]

Ein sozial »erneuertes Gesundheitswesen«, so die Vision des ehemaligen Ärztepräsidenten Ellis Huber, »wird zum Hoffnungsträger für die Gesellschaft zwischen globalen Kapitalmärkten und individualisierter Auslieferung an Not und Krankheit; zum Motor also für eine neue Solidarität und neue Gemeinschaftlichkeit.«[27] Doch dass die Welt am Solidarprinzip des Gesundheitswesens genest, das hat sich als weitgehende Illusion erwiesen. Als man das englische Gesundheitssystem einführte, saß man der Hoffnung auf, die Menschen würden dadurch gesünder, ergo das System müsste tendenziell billiger werden. Heute zahlen die Menschen immer höhere Gesundheitssteuern, werden also ökonomisch zunehmend gefesselt. Dafür werden sie auch noch bevormundet.

Für andere Steuern werden ihnen wenigstens ein paar Autobahnen gebaut, auf die andere wiederum gerne verzichten würden. Also, lieber Gesundheitssteuern und nicht zum Arzt gehen! Das verbetoniert jedenfalls nicht die Landschaft. Aber vielleicht stirbt man daran! Doch dergleichen Tod hat bisher noch niemand überstanden, wird das auch die Teufelin nicht überstehen. Vor dem Paradies fürchtet sie sich jedenfalls nicht, sowenig wie sie auf die Hölle hofft: Ob es dort etwas zu finden gibt, erscheint aus irdischer Perspektive eher fragwürdig.

Das Gesundheitswesen hat dadurch längst nicht nur wesentliche Funktionen der Religion übernommen, sondern hebt vor allem dadurch auch jene Verantwortung und Freiheit auf, die die Lebenskünstlerin des beginnenden 21. Jahrhundert gerade für sich zu erkennen und zu übernehmen begonnen hat. Hat sich die Aufklärung durch Religionskritik von religiöser Bevormundung befreit, so wird sich die Nachtschwärmerin noch durch die Kritik des Gesundheitswesen von der medizinischen Bevormundung befreien müssen, wenn sie selbst Mensch sein will, nicht mehr derselbe wie vor dreihundert Jahren. Denn wenn nach Marx die Religionskritik die Voraussetzung aller Kritik ist, so ist an ihre Stelle heute das Gesundheitswesen getreten, längst nicht mehr der Kapitalismus: Die Voraussetzung aller Kritik ist die Kritik am Gesundheitswesen. Anders lässt sich dem Gemeinspruch schwerlich widerstreiten. Anders entwickelt sich der Mensch nicht weiter, sondern bleibt immer derselbe, medizinisch erfasste.

Wir sinken auf der Nacht Altar / Aufs weiche Lager – /
Die Hülle fällt / Und angezündet von dem warmen Druck /
Entglüht des süßen Opfers / Reine Glut.

(Novalis, *Hymnen an die Nacht*)

# III. Ist die Lebenskunst Stil oder Dogma?

*18. Alle Achttausender erotischer Beziehungen längst bestiegen.*
Das heißt, dass posttraditionale Lebensformen und die sie tragenden Individuen gerade nicht fröhlich auf einen finalen Zustand hedonistischer Freiheit zuströmen. Gerade wenn sie sich »auf der Nacht Altar« einlassen, dann droht die Ehe, deren Sinn nach Kant ja im lebenswährenden gegenseitigen Gebrauch der Geschlechtsorgane liegt. Die Hüllen dürfen ja fallen und das süße Opfer glühen, aber nicht mit Hingabe, also unter Aufgabe der eigenen Identität. Die Hexe sollte den eigenen Territorialisierungsneigungen genauso widerstreiten, wie sie sich den entsprechenden Ansprüchen des Geliebten entziehen muss.

Das liegt zudem im Weiteren an einer Schwierigkeit, mit der sich die Barbarinnen konfrontiert sehen, die sich nicht mehr in die traditionellen Lebensformen schicken wollen, zu denen just auch jene jungen muslimischen Frauen gehören, die dafür gelegentlich mit dem Leben bezahlen. Sie scheitern häufig; denn es erweist sich als gar nicht so einfach, sich von den traditionell vorgegebenen Lebensformen abzuwenden. Allerdings folgt daraus nicht, dass man mit einer Wiederkehr der Traditionen rechnen muss, wiewohl letztere daraus Vorteile ziehen, die sich in der Popularität der Religionen spiegeln. Doch es handelt sich ja um eine bestimmte Klientel, die sich auf religiöse Weise für Religion interessiert, aber längst nicht immer traditionell eingestellt ist, sich vielmehr auch um Lebenskunst bemüht.

Wenn die Welt unüberschaubarer wird, dann suchen andererseits viele – auch durchaus individualistisch Gesinnte – Halt bei den Religionen; so stellt z. B. der radikale Protestantismus eine individualistische Religiosität dar. Oder sie kehren sich irgendwann der Ehe zu und verbinden plötzlich damit die unrealistische Hoffnung, sie biete doch eine Art Sicherheit. Dabei handelt es sich häufig um älter werdende Zeitgenossinnen, die plötzlich gar keine Hexen mehr sein wollen. Vielleicht wird auch der Nachtschwärmerin das Abenteuer irgendwann langweilig. Das Begehren treibt ja immer weiter. Vielleicht hat die ältere Lebenskünstlerin denn auch alle Achttausender zwischenmenschlicher oder erotischer Beziehungen längst bestiegen. Zumindest bildet sie sich das aus opportunen Gründen gelegentlich ein. Odysseus kehrte schließlich auch irgendwann erotisch ausgelaugt zu Penelope zurück.

Trotzdem bewegt sich der Zug der Zeit von den traditionellen Institutionen weg und sucht nach neuen Lebensformen, und zwar auch unter Traditionalisten. Da lässt sich plötzlich der katholische Hochschulprofessor nicht fern der Emeritierung wegen einer jungen Studentin von seiner langjährigen Ehefrau scheiden. Dabei kann man auf Vorbilder aus der Zeit vor der Emanzipation zurückgreifen: Die Scheidung von seiner ersten Ehefrau, die als krankhaft eifersüchtig galt und deswegen auch im Sanatorium behandelt wurde, haben die meisten Gläubigen dem innovativen Vordenker des Katholizismus Max Scheler noch verziehen. Als er sich aber von seiner zweiten Ehefrau wegen einer jungen Studentin trennte – und das etwa Mitte der zwanziger

Jahre des letzten Jahrhunderts – da fiel er bei den Katholiken in Ungnade. Mit einem ähnlichen Problem sah sich auch Carl Schmitt konfrontiert, der sich daraufhin auf die Seite der Nazis schlug: Fehlt dem Dezisionisten der kirchliche Halt, gerät er leicht auf die schiefe Bahn. Scheler hat sich 1928 mittels Herzinfarkt im noch zarten Alter von 53 vor einem Anbandeln mit den Nazis bewahrt.

*19. Das Ende zölibatärer Verhaltensweisen: Mönch und Single.* Andererseits lehnen heute viele Ehe und Familie ab, bilden stattdessen Wohngemeinschaften, Singlehaushalte, leben offen ihre transgender oder gleichgeschlechtlichen Neigungen aus. Ironischerweise wollen häufig letztere unbedingt in den Stand der Ehe treten, da ihnen das ja noch vielerorts versagt wird. Aber nicht nur gleichgeschlechtliche Freundinnen auch heterosexuelle Paare, die sich nicht an die Familienstruktur anpassen wollen, sind gegenüber der Familie im Erbschafts- und Schenkungsrecht massiv benachteiligt und somit diskriminiert.

Nichtsdestoweniger stärkt das nicht die Institution Ehe, wie es sich der Frankfurter Soziologe Karl Otto Hondrich erhofft, sondern schwächt sie nachhaltig, weil die homosexuelle Familie nicht den offiziösen Normen der diversen Traditionen entspricht. Homosexuelle können Mann und Frau spielen. Doch Kinder bekommen sie nicht von alleine. Jedenfalls muss sich die Homo-Ehe künstlich nachrüsten – gut, wie viele heterosexuelle Ehen auch –, will sie dieselben Strukturen wie die traditionelle Familie bieten – und das just in einer Zeit, in der diese Institution schwächelt. Trotzdem könnte es eintreten, dass gentechnologisch immer stärker in den Nachwuchs eingegriffen wird. Momentan darf es jedoch nicht verwundern, dass sich traditionelle Institutionen gegen die Homo-Ehe wehren, wiewohl sie das in menschenrechtlicher und liberaler Perspektive überhaupt nichts angeht, in welcher Form Menschen miteinander leben und dabei staatlicherseits unterstützt werden. Aus welchem Grund sollte der Staat die zwischenmenschliche Übernahme von Verantwortung bei Homosexuellen weniger unterstützen als in der heterosexuellen Beziehung? Dazu muss man schon auf romantische Gründe zurückgreifen, d. h. auf eine Natur oder auf einen Gott.

Aber wenn man nicht mehr heiraten will, wie geht man dann mit der Liebe um? Verzichtet man gleich auf feste Beziehungen und Kinder? Die wenigsten bleiben indes freiwillig Single, also Leute, die keine sexuell motivierten und vorübergehend stabilen Beziehungen anstreben, was nicht bedeutet, dass sie den Gebrauch der Lüste meiden. Das Zölibat im Sinne von sexueller Enthaltsamkeit erweist sich als gar nicht populär, offenbar auch nicht in der Lebenswelt des Klerus. Sich des Gebrauchs der Lüste zu enthalten, pflegt man kaum freiwillig, sondern höchstens gezwungenermaßen bzw. in der Öffentlichkeit – was ja selbst noch für katholische Priester und Mönche gilt. Was hinter verschlossenen Türen stattfindet, geht niemanden etwas an.

Zwar ist die Wahrheit nicht demokratisch. Doch diese Abstimmung mit den Geschlechtsorganen könnte man auch als Urteil über sexuelle Enthaltsamkeit und Ehe- oder Beziehungslosigkeit lesen. Dem verdankt sich auch das öffentliche völlige Unverständnis über die päpstliche Aidspolitik. Das muss man heute den Barbarinnen erst mal erklären, dass für den Papst der Sex grundsätzlich Sünde ist und nur zum Zwecke der Kinderzeugung diese Einschätzung ein wenig relativiert. Die Barbarin dagegen will durchaus den sexuellen Rausch, frönt dem trieb- und tierhaften sexuellen Verlangen, betrachtet sich längst den Tieren näher als den Göttern, vor allem jenen, die von sich erklären, sie wären die einzigen, und die sich dann beim entscheidenden Akt durch einen untergeordneten Mitarbeiter vertreten lassen. Die antiken griechischen Götter waren in dieser Hinsicht zweifellos fitter als die jüdisch christlichen, pflegten den Gebrauch der Lüste mit anderen Göttern, Halbgöttern und Sterblichen, und zwar selbst und nicht durch Stellvertreter, die das Jungfernhäutchen nicht demolieren dürfen. Der arme Mitarbeiter! Vielleicht sollte er sich gewerkschaftlich organisieren, entweder bei der Dienstleistungsgewerkschaft oder bei der Freiervereinigung.

*20. Angst um die Potenz.* Viele Barbarinnen jedenfalls heiraten irgendwann trotzdem oder ziehen wenigstens zusammen und geben dabei häufig ihre früheren Vorstellungen auf. Manchmal handelt es sich dabei um Altersweisheit, manchmal um schlichtes Scheitern. Manchmal steckt einfach Angst dahinter. Angesichts des Alterungsprozesses geben Frauen promiskuitive Lebensformen bereitwilliger auf als Männer, die – sollten sie in jüngeren Jahren wenig Glück beim anderen Geschlecht gehabt haben – später ihren gestiegenen Marktwert zu genießen versuchen – man denke an den schwedischen König. Oder sie haben Angst um ihre sexuelle Potenz und möchten diese noch so lange wie möglich verschiedentlich nützen.

In den siebziger und achtziger Jahren sah ich mich gleich zweimal mit der ultimativen Forderung meiner damaligen Freundinnen konfrontiert, eine offene Beziehung zu führen, die andere sexuelle Beziehungen nicht ausschließt. Ich biss in den sauren Apfel, weil ich lieber eine komplizierte Beziehung als keine haben wollte. Damals war ich zudem auch nicht besonders erfolgreich bei Frauen, es gab lange Phasen ohne Freundin. Wenn ich dann endlich eine hatte, war ich heilfroh und dachte gar nicht daran, auch mit anderen ins Bett zu gehen. Doch ich lernte mit, und bald gefiel mir die Angelegenheit, die schon Sartre und Beauvoir propagierten.[28] Sie scheint mir bis heute vernünftiger. Sie stabilisiert die Beziehung mindestens genauso, wie sie sie destabilisiert, erhöht keineswegs das Risiko des Scheiterns.

Besagte Freundinnen haben sich indes längst von solchen barbarischen Versuchen abgekehrt und propagieren die Monogamie: Wer hätte das damals gedacht? Nun ja, auch ich halte mich heute in dieser Hinsicht mit öffentlichen Erklärungen zurück. Man muss nicht gegenüber jeder Angelegenheit kritisch sein. Man darf sich auch neutral verhalten. Man braucht sich nicht ständig von allem betroffen zu fühlen. Manchmal liebäugele ich sogar mit der Tradition. Also überlassen wir die Entscheidung über Monogamie oder Promiskuität selbstredend jeder einzelnen Anarchin. Man soll sich nicht so benehmen wie der Papst und sich in alles, vor allem in fremder Leute Angelegenheiten einmischen.


*21. Kinder kommen nicht mehr von alleine.* Auch in ökonomischer Hinsicht bestimmten Traditionen noch bis weit ins 20. Jahrhundert hinein die Berufe und Lebensformen der Menschen. Wer aus einem oberbayerischen Dorf in den sechziger Jahren aufs ferne Gymnasium geschickt wurde, der war zum Priester bestimmt. Das war Gewohnheit, Sitte, kein schlichter Zwang, zu dem dergleichen erst verkommt, wenn sich die Umwelt ringsherum ändert – im Grunde die Tragik aller Traditionalismen, die sich daher heute manchmal in Spielarten des Fundamentalismus transformieren, wenn sie sich nicht an die Moderne anzupassen vermögen. Heute schreckt das Zölibat vom Priesterberuf ab und der Ausschluss von Frauen wird als willkürlicher Zwang empfunden, selbst wenn er, wie Benedikt XVI. bekundet, gottgewollt sei, da Jesus sich nur mit zwölf männlichen Jüngern umgeben hätte. Damit kommt Gott heute aber nicht mehr durch. Wenn Jesus vom Himmel herabstiege und sich nur mit zwölf Männern umgeben würde, bekäme er gleich doppelten Besuch, nämlich von der Frauen- und der Antidiskriminierungsbeauftragten. Wollen wir für ihn hoffen, dass sich unter den zwölfen wenigstens ein Rollstuhlfahrer befindet! Ansonsten bleibt ihm ein Rücktritt vom Amt des Gottessohnes kaum erspart.

Wenn es stimmt, dass Frauen schneller als Männer im Römischen Reich das Christentum übernommen haben – das Christentum betonte die eheliche Treue, die sich die unter einer strengen Ehemoral stehenden Frauen auch von ihren Männern wünschten – und dadurch dessen Verbreitung wesentlich beschleunigten, so entfremdet ihr Ausschluss Frauen heute von der katholischen Kirche. Darauf hat der Wille Gottes allemal keinen Einfluss. Die Emanzipation wird sich nicht mehr zurückdrehen lassen. Vielmehr fordern Frauen weltweit diese Emanzipation auch dort, wo sie in einem harten Patriarchat leben müssen. Dem werden sich die diversen

Götter anpassen müssen. Oder sie ziehen sich mit Mac-Intyre ins Kloster zurück und warten, ob diese höllische Nacht irgendwann durch eine himmlische Morgenröte abgelöst wird. Nur befindet sich die Menschheit auf dem Weg zu anderen Sternen. Die Raumschiffe werden jahrelang durch die Dunkelheit gleiten. Ob das die Philosophie der Nacht populär werden lässt, darf man allerdings bezweifeln. Die Hölle braucht den Himmel und die Nacht den Tag. Alles andere wäre lange weilend.

Wer zudem heute Priester wird, der hätte sich auch anders entscheiden können, gleichgültig wie fromm sein Elternhaus und seine Umgebung sind. Selbst wegen einer Schwangerschaft muss man nicht mehr heiraten. Man kann sie erstens problemlos abbrechen, und sei es im benachbarten Ausland. Und zweitens genießt die alleinerziehende Mutter – Väter erziehen eher allein nach gescheiterten Beziehungen – in der Zwischenzeit ein hohes gesellschaftliches Ansehen, wahrscheinlich noch nicht im schweizerischen Bubikon, aber bereits in München und in Berlin allemal.

Doch ob man Priester oder Eltern wird, es handelt sich um Entscheidungen, die die Betroffenen selbst treffen, und auch Kinder sogenannter heterosexueller Paare kommen nicht mehr von selbst auf die Welt. Solche Entscheidungen werden den Hexen nicht mehr in die Wiege gelegt, verdanken sich keinen Gewohnheiten mehr, wiewohl selbst Barbarinnen natürlich weiterhin durch ihre Vergangenheit disponiert reagieren.

Dafür dass sie eine Wahl getroffen haben, dass sie nicht nur blind Traditionen folgen, spricht, dass sie selbst wohl kaum erklären werden, dass sie das eigentlich nicht gewollt hätten, oder dass sie gezwungenermaßen reagierten, dass sie insofern keine Verantwortung dafür tragen, wenn sie Hausfrau oder Priester werden. Wer Priester wird, wer sich alleinerziehend für das Kind entscheidet – es sei denn, es handelt sich um eine ungewollte Schwangerschaft einer Abtreibungsgegnerin, und selbst die sollen schon abgetrieben haben – oder wer einen religiösen Glauben pflegt: Keiner von diesen wird die Verantwortung für diese Angelegenheiten abschieben, sondern für sich reklamieren. Sonst steht er als willenloses Geschöpf da, was wohl kaum einer sein will, nicht zuletzt weil er dadurch seinen eigenen Glauben in ein schiefes Licht rückte. So müssen die Zeitgenossinnen letztlich für ihre Lebenswege ob privat oder beruflich selbst die Verantwortung übernehmen – eine Verantwortung, der sie sich heute auch nicht mehr entziehen können, die sie niemandem mehr in die Schuhe schieben können, wiewohl dergleichen weiterhin fleißig versucht wird. Auch die Traditionalistin braucht also die Lebenskunst und agiert im Stile einer Barbarin.

Heute gehen sehr viele von einer umfassenden Verantwortung aus, während man erheblich weniger daran denkt, dass damit eine umfassende Freiheit verbunden ist, bei der es sich um eine individuelle handelt, nicht um die Freiheit der Nation, der Klasse oder der Religion, nicht um eine Freiheit der Gemeinschaft. Nein, es geht um eine höchst eigene Freiheit, das eigene Leben nach Gutdünken zu leben und das eigene Tun an seinen Lüsten wie an seinen vernünftigen Urteilen zu orientieren. Das reicht natürlich auch unmittelbar in die Politik hinein, und beansprucht allgemeine und gleiche politische Rechte – Menschen werden heute politisch aktiv, ohne dass sie dazu Parteien oder Institutionen benötigen würden.

Die Voraussetzung dazu entdeckte Sartre im individuellen Bewusstsein: Jeder kann sich gegen die herrschenden Bedingungen auflehnen, vermag er damit diese Bedingungen auch nicht unmittelbar zu ändern. Aber diese Freiheit führt weit über die Politik hinaus, die ebensowenig wie die Wirtschaft als hegemonialer Diskurs anerkannt werden muss, wiewohl er für viele unter einem bestimmten Blickwinkel so erscheinen mag. Vielmehr reicht diese individuelle Freiheit in alle Dimensionen des Lebens hinein. Man unterwirft sich im Sinne des Existenzialismus nicht mehr selbstredend einer Vorstellung vom Gemeinwohl, wurde diese Mitte des 20. Jahrhunderts sowohl theoretisch als auch empirisch kritisiert, was man aber bis heute nicht gerne wahrnimmt, da man mit jenen Argumenten damals eigentlich nur die marxistische Gesellschaftskritik bekämpfte. Genauso wenig orientiert man sich zwangsweise am homo oeconomicus des Neoliberalismus. Man muss auch dem Marxismus nicht abnehmen, das Wichtigste auf der Welt, gar die Triebfeder der Geschichte seien die ökonomischen Verhältnisse. Man muss sich für Wirtschaft nicht interessieren, wenn man das eigene Leben nach eigenen Vorstellungen entfalten will. Ihre Lebensform muss sich die Lebenskünstlerin weder politisch, noch ökonomisch und schon gar nicht mehr religiös vorschreiben lassen. Dabei übt die Wirtschaft heute sicher ebenso den größten Druck wie auch die größte Faszination aus, während Religion schon lange und Politik vor allem in den letzten Jahrzehnten die Zeitgenossinnen immer weniger in ihren Bann zu ziehen vermögen. Es sei denn, irgendwo findet gerade mal wieder eine Revolution statt. Im globalen Dorf zu leben, erscheint vielen wirklich attraktiver als Heimatliebe und Frömmigkeit, die traditionellen Tugenden mit einem antiemanzipatorischen Anspruch, wenn nicht mit einem protofaschistischen. Die Heimatliebenden wollen nun mal partout nicht in die Hölle.

Dabei handelt es sich natürlich um Spielräume, die sich öffnen, weil die Traditionen schwach geworden sind und die Lebensformen nicht mehr zu dominieren vermögen: Man kann unpolitisch sein. Man kann als Müßiggänger leben und man kann sich, anstatt für Religion, für Fußball interessieren. Die Vertreter von Wirtschaft, Politik und Religion mögen eine solche Zeitgenossin als asozial und unmoralisch disqualifizieren. Doch das ficht die derart Beschuldigte nicht mehr an. Die Vertreter dieser Bereiche verkörpern für die Hexe keine höhere Institution, die Achtung erheischen dürfte. Vielmehr versuchen diese immer nur die Barbarinnen im jeweiligen eigenen Interesse zu lenken. Die Nachtschwärmerin muss sich selbst überhaupt nicht zu irgendeiner Allgemeinheit, einem Glauben, einer Weltanschauung oder einem hegemonialen Diskurs bekennen. Sie kann auch einfach skeptisch bleiben. Selbst nach reiflicher Überlegung muss sie beim Diskurs über Grundprinzipien keine Entscheidung treffen.

Es reicht, wenn sie sich an die Gesetze hält, weil sie gelten, und gegen sie verstößt, wenn sie sie für falsch hält. Sie braucht keine Verfassungspatriotin zu sein, kann aber durchaus die Verfassung als akzeptabel anerkennen und allemal besser als diktatorische Regime. Just deshalb lehnen die Vertreter welcher Allgemeinheit auch immer eine solche Individualistin ab, und Sartre wurde zum enfant terrible der ehrenwerten Gesellschaft, zu der selbstredend auch die Kommunisten zählen. So verlangen heute Vertreter des politischen Katholizismus an den Universitäten von ihren Studenten eine kritische Stellungnahme, in der sie ihr eigenes Bekenntnis abgeben sollen – hat der Katholizismus offenbar vom Marxismus gelernt. Aber die Marxisten verlangen ja auch ein Bekenntnis, nämlich die Einsicht in die Notwendigkeit. Das erklären sie als Freiheit.

22. Mit *Schrebergarten, Nähmaschine, heimwerkerlichem Kellerausbau.* Diese heutigen individuellen Spielräume, die sich seit ca. zwei Jahrhunderten sozial und philosophisch eröffneten, wird man fast nur los, wenn man sich ökonomisch einengt, was aber zumeist unabsichtlich passiert, wofür man trotzdem verantwortlich zeichnet: Wenn man zu viele Kleinkredite aufnimmt, wenn man nicht aufpasst und sich verspekuliert – wenn denn etwas zum Verspekulieren da ist; wenn man mit seiner Ehefrau ein überdimensioniertes Eigenheim kauft und nach der Scheidung mit dem Verkauf desselben die Kredite nicht abdecken kann. Das kann auch schon bei einem Reihenhaus passieren und dabei wird man gelegentlich Opfer sogenannter Finanzkrisen. Häufiger und fataler sind selbstverständlich Arbeitslosigkeit und Krankheit.

Ansonsten verursachen regelmäßig zu viele Kinder solche engen Umstände, die ja trotz diverser Abtreibungsoptionen nicht immer alle geplant zur Welt kommen. Doch sie sollten das eigentlich, wiewohl dann manche gar nicht das Licht der Welt erblicken würden. Das sollte die Anarchin natürlich nicht durch Enthaltsamkeit erreichen. Das ist für sie nun wirklich keine Option mehr. Die Hexe wird vielmehr dafür sorgen, dass *der Gebrauch der Lüste* folgenlos bleibt.

Zweifellos gehen Frauen daher auch ein erheblich größeres Risiko ein, je mehr Kinder sie bekommen. Denn die Männer – aber auch die Frauen – laufen zu häufig davon. Sicher werden noch viele Ehen ob der Kinder aufrecht erhalten, wobei sich die Frage stellt, ob es sich dann noch um mehr als eine Variante der Wohngemeinschaft handelt, ja handeln sollte. Wenn das so wäre, ließe sich dagegen auch kaum etwas einwenden. Meine vorletzte Wohngemeinschaft wurde auch knapp zwei Jahre von vier Erwachsenen aufrechterhalten, bis das Pflegekind mündig wurde.

Daher muss die Zeitgenossin natürlich besonders aufpassen, vor allem wenn sie nicht abtreiben will, da sich die Männer darum gemeinhin seltener kümmern, höchstens solche, die besonders viel Angst vor Kindern haben, gleichgültig ob sie sich nicht binden wollen oder ob sie – wie ich – ihren Lebensstil nicht zu ändern bereit sind. Diese Gruppe der Kinderfeinde ist bei den meisten Frauen nicht gerade beliebt, wird eher und sicher nicht zu unrecht als die letzte Variante des Patriarchats taxiert. Seltsamerweise – das bekenne ich – wollen Frauen Männer doch häufig primär, um Kinder zu bekommen, wie immer man das deuten mag. Ich könnte das sogar nachvollziehen. Was soll man ansonsten mit Männern anfangen? Selbstverständlich ist das auch ihr gutes Recht, wiewohl es keine Pflicht für Männer gibt, Väter zu werden.

Von Seiten der Gesundheitsbehörden wird die Achtsamkeit der Männer hinsichtlich der Verhütung von Nachwuchs auch nicht gerade befördert, wenn man mal von den Aids-Kampagnen absieht, die aber einen anderen Zweck hatten. Man darf wohl mutmaßen, dass die Pille für den Mann absichtlich nicht entwickelt wird. Denn man hört auch gar nichts von Forschungsmilliarden, die dazu investiert würden. Gäbe es sie nämlich, würden die Geburtenraten noch weiter sinken, was Biopolitiker in allen Lagen tunlichst vermeiden möchten. Die katholische Sexualmoral hat letztlich auch keinen anderen Zweck, als den Bestand der Gemeinde zu sichern, sodass sich darin die große Aporie der Moderne zwischen Individuum und Gemeinschaft zeigt. In der katholischen Sexualmoral findet sich das Individuum nicht wieder. Die Biopolitik muss es berücksichtigen, um es lenken zu können.

Wer jedenfalls in eine solche ökonomisch enge Lage gerät, der ist darüber zumeist nicht glücklich, selbst wenn er Familienwerte hochhält. Denn dann mutiert eine Ehe zur traditionellen Überlebensgemeinschaft der Großeltern mit Schrebergarten, Nähmaschine, heimwerkerlichem Kellerausbau, was in einer anders eingestellten Umwelt nicht leicht durchzuhalten ist; es handelt sich doch um lange Jahre, die Krisen und Frustrationen einschließen, sodass diese am Ende den Durchhaltewillen schwächen. Bekanntlich läuft die Zeit, je jünger man ist, um so langsamer. Wenn dann die Überlebensgemeinschaft scheitert, die ja eigentlich auf Nichtscheitern eingestellt ist, zieht das selbstverständlich fatale Konsequenzen nach sich. So stellen sich die meisten Zeitgenossinnen die Ehe denn doch nicht vor.

Dementsprechend haben Menschen, die in großer Armut leben, natürlich erheblich geringere oder gar keine Spielräume, um ihr Leben zu gestalten. Schon Marx wusste, dass die Lösung der Magenfrage der Revolution vorausgeht. Wenn die Revolution indes die späteren Probleme längst nicht zu lösen vermag, wie man im 20. Jahrhundert lernen musste, dann bleibt gar nichts anderes, als die Magenfrage auf andere Weise zu lösen. Vielleicht scheitert das auf individuellen Wegen häufig.

Doch auf gemeinschaftliche zu bauen, erscheint auch nicht viel aussichtsreicher. Dergleichen wird vielmehr so langwierig, dass die lebenden Generationen die Lösung der Probleme nicht mehr erleben werden, sodass der Marxismus auch nicht mehr als einen zukünftigen Trost zu bieten hat: Die Ururenkel werden es einmal besser haben, vielleicht. Wo ist der Unterschied zur Religion, vor allem wenn sich diese fernen Enkel dafür nicht mehr interessieren?

Genauso wenig kann sich das Individuum in enger ökonomischer Lage damit trösten, dass es die eigenen Kinder einmal besser haben werden. Diese werden es nämlich gar nicht merken, weil ihnen der Vergleich fehlt. Das Individuum selbst jedenfalls lebt dann nur für andere – eine christlich gelobte Lebensform, die das Individuum untergehen lässt, mit der daher Barbarinnen gemeinhin wenig anzufangen wissen. Das würde ihnen jedoch Lebenssinn liefern, über dessen Fehlen sie andererseits gelegentlich auch klagen.

Die Lebenskunst ist ein Stil, sie besitzt keine dogmatischen Inhalte. Eine Lebenskünstlerin mit traditionell katholischer oder islamischer Einstellung und Lebensweise wirkt trotzdem als ein Widerspruch. Beides muss sich aber auch nicht unbedingt ausschließen. Zur Lebenskunst gehört nämlich einerseits das Leben mit Widersprüchen, die die Lebenskünstlerin nicht aufzuheben versucht. Andererseits kann die traditionelle Einstellung in selbstverantwortlicher Weise gelebt werden, oder einen experimentellen Stil entwickeln, indem ein solches Leben als Entwurf, als eigene Entwicklung und nicht als bloße Übernahme geführt wird.

Transformiert sich somit der Stil zum Dogma? Ausschließen lässt sich das nicht. Es kann auch zuviel

Lebenskunst und Hedonismus geben. Da werden jetzt viele nicken, die dabei allerdings an etwas ganz anderes denken. Doch die Traditionalistin entpuppt sich als Hedonistin, wenn sie nämlich das Kopftuch mit Vergnügen trägt, oder es der Sozialpädagogin Spaß macht, den Schwachen zu helfen! Wäre das nicht Lebenskunst? In der Tat! Dass die traditionelle Muslima dabei auch hexenhafte Züge gewinnt, das darf trotzdem angezweifelt werden. Nicht jede Lebenskünstlerin ist eine Anarchin. Aber ist jede Barbarin Lebenskünstlerin?

23. *Es geht um die Lust, nicht um die Not.* Der Hedonismus, dem sich die Lebenskünstlerin ausgesetzt sieht, selbst wenn sie ihn ablehnt, geht nicht die Hungernden an. Diese haben in der Tat andere Probleme. Daher befasse ich mich in diesem Text auch nicht mit dem Leben jener, denen zum Hedonismus die nötigen Spielräume abgehen. Das mag vielen unmoralisch erscheinen, doch es leben nun mal viele Menschen unter Bedingungen, die ihnen hedonistische Perspektiven eröffnen und die sie auch nutzen. Um die Lebensform solcher Menschen geht es mir, nicht um die soziale Frage, die eine gesonderte Problematisierung nötig machen wird und zwar gemäß der Fragestellung: Wie geht die Lebenskünstlerin mit der Armut und mit sozialen Fragen um? Eine Antwort auf diese Frage leistet mein Versuch wider den Gemeinspruch nicht. Hier geht es um die Lust und nicht um die Not.

Am Faktum, dass heute viele Menschen hedonistisch und verantwortlich leben, führt kein Weg vorbei und ich habe nicht vor, das zu ändern, sondern zu beschreiben, obwohl diese Perspektive nicht verallgemeinerbar erscheint. Aber durch Klugheit lässt sich auch manches an der Armut kompensieren, sodass die Arme vom Hedonismus nicht völlig ausgeschlossen ist.

Es geht mir um das sicht-, hör- und verstehbare Individuum, nicht um eine immer abstrakte Gemeinschaft und ein notorisch umstrittenes Gemeinwohl. Es ist auch fraglich, welche Vorteile die Orientierung an der Gemeinschaft faktisch hat und für wen. Das bleibt notgedrungen eine autoritäre und letztlich elitäre Perspektive, selbst wenn man versucht, diese durch demokratische Bestrebungen zu mildern.

Daher muss auch jede Form der Verbindung von Menschen von den Individuen her aufgebaut werden, also von Realitäten und nicht von Idealitäten aus, da sich die Gemeinschaft ja immer nur hypostasieren lässt. Gruppenbildung wäre daher von den Einzelnen aus zu denken, wie es Sartre in seinem zweiten Hauptwerk *Kritik der dialektischen Vernunft* versucht.

Selbst die liberalen Sozialvertragstheorien versuchen letztlich nur Argumente zu konstruieren, die die Individuen dazu motivieren, die bestehende Gemeinschaft in welcher zu verbessernden Form auch immer als realer als sie selbst zu akzeptieren. Immerhin insistieren Hobbes, Locke und Rawls darauf, dass die Gemeinschaft sich durch die Sicherung individueller Rechte legitimiert. Dann aber behält sie ein Primat, um diese Rechte zu gewährleisten, wie es auch Hegel konzipiert, der dem Liberalismus ja ferner steht. Selbst bei Rawls gibt der Liberalismus noch die Lebensformen vor, wiewohl Rawls seit den achtziger Jahren einiges daran veränderte. Der Liberalismus geht nicht primär von der Position des Individuums aus, er verdankt schließlich seine Herkunft der Entwicklung von Nationalstaaten. Somit denkt er noch lange nicht liberal genug.

Die hedonistische Perspektive entwickelt dagegen keine anarchistische Konzeption der Abschaffung politischer Institutionen überhaupt, was ja Proudhon als Begründer des Anarchismus auch gar nicht anstrebte. Natürlich bedarf das Zusammenleben der Menschen der verwaltenden Institutionen, die allerdings nicht mehr der Gesellschaft die Werte und Ziele setzen, wie es sich noch Max Weber von führenden Politikern vorstellt und was noch in der Richtlinienkompetenz der Bundeskanzlerin nachhallt. Im hedonistischen Sinne beschränkt sich dergleichen auf eine Richtlinienkompetenz der Verwaltung, die nicht versucht, die Spielräume der Individuen einzuschränken, sondern auszuweiten – eine nicht ganz utopische Perspektive, und zwar weil die Lebenskünstlerinnen sich immer weniger bevormunden lassen, nicht weil die Institutionen vernünftig geworden wären. Vernunft müssen die Barbarinnen den Institutionen erst abringen; denn diese Institutionen folgen zunächst nur ihren eigenen Logiken und Interessen, wiewohl sie dadurch bereits den Individuen zu dienen vermögen.

Andererseits gibt es überhaupt keine vernünftigen Gründe dafür – wenn Vernunft ihre Heimat im Individuum hat und nicht auf einer allgemeinen Ebene abstrakter Gemeinschaften –, dass Menschen gleiche Lebensformen pflegen, und diese sich obendrein von der Gemeinschaft vorschreiben lassen, dass irgendwer irgendwem eine Lebensform oktroyieren darf. Wenn die Hexe aber hedonistisch an einer möglichst effizienten Verwaltung als Politik festhält, dann befindet sie sich zumindest in der Nähe von Proudhon und dem Liberalismus, ohne aber notgedrungen deren Anhängerin zu werden. Es geht um die Reduktion der Hegemonie des politischen Diskurses, um die Reduktion von Autoritäten, woran Wirtschaft, Gewerkschaften und die einzelnen Bürgerinnen fleißig basteln – manche wider Willen.

Trotzdem droht den hedonistischen Barbarinnen die Gefahr des Scheiterns ihrer Lebenspläne. Gerade wenn sie für ihre Lebensform zunehmend selbst verantwortlich werden, wenn ihre Spielräume sich vergrößern, gleichgültig ob sie diese nützen oder nicht, so sehen sie sich doch auf sich selbst zurückgeworfen und dabei allen möglichen Gefahren und Ablenkungen ausgesetzt. Das gilt für sehr viele Zeitgenossinnen, für alle jene jedenfalls, die diese Spielräume besitzen, auch wenn sie traditionell eingestellt sind. Darüber entscheiden sie selbst.

Du kommst, Geliebte, – / Die Nacht ist da – /
Entzückt ist meine Seele – / Vorüber ist der irdische Tag /
Und du bist wieder Mein.

*(Novalis, Hymnen an die Nacht)*

# IV. Wie gestaltet sie das eigene Leben?

*24. Den Arm bewegen, um das Gehirn nachzuziehen.* Wie gelingt es, die eigenen Spielräume zu nutzen, die die moderne Welt bietet, sein Leben so zu führen, wie man es wünscht, nicht wie es die Priester, die Gesundheitsmanager, diverse Lebensberater, Politiker, Standesvertreter oder die eigene Familie vorschreiben möchten? Lässt sich der Hedonismus wirklich in eine eigene Lebensform umsetzen? Handelt es sich dabei nicht um schiere Illusionen?

Wenn letzteres der Fall wäre, wenn die Zeitgenossin gar nicht frei ist bzw. gar keine Spielräume besitzt, dann gäbe es kaum gute Argumente dagegen, dass selbsternannte Propheten ihren Mitmenschen die Lebensform vorschreiben. Auch wenn diese selbst nicht frei sein könnten, was sie zumeist gar nicht behaupten, vielmehr geben sie vor, eine göttliche Botschaft zu verkünden.

Just das ist das Problem. Daher und aus diesem Grund allein sind die Menschen frei! Sie müssen nämlich göttliche Botschaften nicht glauben. Sie müssen gar nichts glauben. Man kann sie auch nicht zwingen, etwas zu glauben. So manche Propheten oder deren Stellvertreter halten sich just daher für legitimiert, sie zum Glauben zu zwingen. Dazu gehören sicherlich nicht nur die Islamisten, sondern beispielsweise auch orthodoxe Katholiken. Allerdings wird dann von solchen Zeitgenossen zumeist behauptet, sie würden gar nicht gezwungen, sondern nur auf den rechten Weg gewiesen, der eigentlich auch der ihrige sein müsste.

Trostreich für die Katholiken erscheint, dass sich Philosophen mit universellen Ansprüchen wie viele Wissenschaftler in derselben Lage befinden. Selbst deren Vorgaben, mögen sie auch noch vernünftig sein, müssen die Nachtschwärmerinnen nicht folgen. Vielleicht sind diese Hexen keine Menschen mehr, nicht mehr Nietzsches letzte Menschen; sie haben sich längst von diesen wegentwickelt. Nur Theologen und Wissenschaftler erklären sie für dieselben, um aus diesem Grund deren Seele und deren Körper retten zu müssen.

Inwieweit ansonsten der Körper den Geist treibt, weiß man nicht genau. Dann darf auch die Bewegung des Armes dem leitenden Gedanken vorausgehen, wie es das Libet-Experiment nachweist. Doch wenn der dunkle Wille die Vernunft beherrscht, ändert das nichts daran, dass man die Lebenskünstlerin nicht zwingen kann, etwas zu akzeptieren oder gar zu glauben. Im Gegenteil befreit der dunkle Wille von der Herrschaft des hellen Glaubens wie auch der strahlenden Vernunft: Die nächtlichen, vor allem erotischen Obsessionen befreien von den Zwängen des Tages, wenn dieser endlich vorüber ist und fleißige Philosophen und Priester früh zu Bett gehen.

Im Angesicht des Geliebten darf der Geist der Bewegung des Körpers folgen. Umgekehrt wäre es die puritanische nüchterne Kinderzeugung im Rahmen der Ehe wahrscheinlich um 21 Uhr. Die Stunde der Hexen kommt bekanntlich nach der Geisterstunde.

Deswegen wollen Glauben und Vernunft auch den teuflischen Willen unterwerfen. So versuchen sie längst, den Arm zu bewegen, der das Gehirn nachziehen soll – man denke hier wieder an den militärischen Drill. Handelt es sich dabei nicht um ein Grundprinzip einer weitverbreiteten Pädagogik? Benjamin Libet liefert dazu die Begründung. Jedenfalls funktioniert das leider viel zu häufig viel zu gut, aber eben nicht total. Manche lassen sich nicht drillen, indem sie z. B. das Militär meiden. Letztlich bleibt das die Hoffnung, um dem Gemeinspruch zu widerstreiten.


*25. Das unfreie, ergo verantwortungslose Leben der Kanzler, Topmanager, Aristokraten.* Und jene, die die Freiheit dementieren, sie für eine Illusion halten, beruhen selbst mit dieser These auf der eigenen Freiheit, wiewohl ich durchaus bereit bin, den illusionären Charakter jeglicher Freiheit zuzugestehen. Zumeist bewegt sich qua Freiheit nicht allzu viel und vielen ist das zuwenig. Dann verzichten sie lieber ganz auf das Wenige. Zu sehen ist die Freiheit auch nicht, lässt sich das Handeln immer deterministisch interpretieren, gibt es in der Erfahrungswelt schließlich für alles eine Ursache.

Nur bleiben auch die Skeptiker der Freiheit für ihr Tun verantwortlich. Die geschlossenen Kausalketten, mit denen wir die Wirklichkeit beschreiben, haben es gerade nicht geschafft, die Verantwortung der Zeitgenossinnen zu minimieren. Im Gegenteil die Verantwortung kommt seit dem letzten Jahrhundert auf alle zu. Es handelt sich nicht mehr – wie Nietzsche noch meinte – um ein aristokratisches Vorrecht.

Nietzsche bezog sich damit wirklich noch auf den Blutadel, dem man heute sowohl Freiheit als auch Verantwortlichkeit absprechen kann: Die Royal Family! War Lady Diana wirklich verantwortlich und frei? Was verantwortet die Englische Königin? Sind die Prinzen Philip und Charles frei? Verantworten sie ihr Leben selbst, das vielleicht nicht ganz so schlimm wie am japanischen Kaiserhof in eine strenge Etikette eingezwängt ist? Nein, die Royal Family verantwortet ihr Leben nicht selbst, gestaltet es nämlich nicht selbst. Gerade dass sie sich heute scheiden lassen darf und auf den Thronanspruch nicht verzichten muss. Irgendwann werden die Menschenrechte auch bei der Royal Family ankommen und ihre Mitglieder verantwortlich und frei werden und nicht mehr diskriminiert sein. Dann hat sich die Bedeutung jeglicher Aristokratie definitiv aufgelöst.

Alle anderen Zeitgenossinnen entgehen aufgrund ihrer Verantwortung für ihr Leben auch nicht der Freiheit. Bei führenden Politikern und Wirtschaftsmanagern darf man das indes wie bei den Royals bezweifeln. Denn sie sind schlicht an den Mast der Herrschaft gebunden, der ihnen ihr Leben vorschreibt. Das gilt auf ähnliche Weise für Vermögen und Traditionen, die den Absprung davon erschweren.


*26. Zur Familie auch eine Sekte.* Bei der Frage, ob Lebenskunst nur eine Illusion ist, muss es nicht allein um die Selbstgestaltung mit emanzipativen Ansprüchen gehen. Im Grunde stellt sich ja dieselbe Problematik gleichfalls jenen, die eine traditionelle Lebensform vorziehen, also die Familie mit Kindern, und den Beruf nach Maßgabe der Herkunft, den man nicht mit extravaganten Attitüden – z. B. Künstler werden – oder massiven Karrierehoffnungen verbindet. Wenn man also bescheiden bleibt.

Doch selbst wer die Unterstützung der Traditionalisten genießt, muss die Entscheidung für eine traditionelle Lebensform selbst treffen, verantworten und sie schließlich in die Tat umsetzen, was trotzdem scheitern kann, auch und gerade heute bei Traditionalisten. Seit Sartre die Freiheit des Individuums entdeckte, können nämlich alle scheitern, auch jene, die gerade nicht frei sein wollen. Denn es reicht für die *Helden der Familie* nicht mehr, die Familie zu wollen. Man muss sie unter Bedingungen des Scheiterns realisieren. Wer daran scheitert, ist nicht trotzdem eine gute Familienmutter, bloß weil sie es versuchte, es ja gut meinte.

Wer für die Ehe und somit von ihr leben will, wer sich der Familie opfert, der erwartet umgekehrt das Opfer des Partners. Doch dazu braucht man heute gemeinhin eine Sekte, die ihren Mitgliedern das Leben vorschreibt und sie dabei auch kontrolliert – eine Kontrolle, der sich die Sektenmitglieder zumeist durchaus freiwillig unterwerfen, kennen sie doch die eigenen Schwächen und fürchten sich umso mehr vor den Schwächen ihrer Mitsektierer.

Gerne hilft die Sekte bei der Partnersuche – selbstverständlich innerhalb der Sekte. Und schon ist man nicht mehr allein. Nur darf man fragen, ob eine Heiratsvermittlung nicht billiger als eine Sekte käme. Doch die Sekte bietet ein Gemeinschaftsgefühl und Kommunikation. Dass das was kostet, sollte nicht verwundern.

Trotzdem garantieren die Traditionen den Bestand einer Ehe nun mal nicht mehr hinlänglich. Denn das Sektenmitglied ist ebenfalls frei, Sekte und Ehe zu verlassen. Staatliche Gewalt hindert ihn nicht mehr daran, höchstens der Terror der Mitsektierer, gegen den sich manche nicht zu wehren verstehen. Jedenfalls entwickeln weder die Institutionen Ehe und Familie noch der Stand wie der Beruf aus sich selbst noch stabilisierende Kräfte, wie es der Soziologe Ulrich Beck mit dem Begriff *Risikogesellschaft* umschreibt.

*27. Ungeschützter Sex auf päpstliche Weisung.* Sich an Normen oder Idealen zu orientieren, reicht nicht mehr, obwohl das Kommunisten und Katholiken unisono immer noch behaupten. Doch es hallt immer leiser zurück.

Wenn der Vatikan die katholische Kirche in Deutschland zwingt, aus der Schwangerenkonfliktberatung auszusteigen, dann sind sie beide gemeinsam für die daraufhin steigende Zahl von Abtreibungen verantwortlich, da sie das hätten verhindern können. Wenn sich Gläubige vorschreiben lassen, auf Kondome trotz Aids-Risiko zu verzichten, dann sind sie jedoch selbst verantwortlich, können sich ihrerseits nicht auf die Direktiven des Papstes berufen, und zwar nach der Devise: ›Ich habe sie angesteckt, weil der Papst mir als Katholiken verboten hat, Kondome zu benutzen‹. Wenn sie beabsichtigen, Kinder in die Welt zu setzen, könnte der Papst keine Einwände erheben. Der Richter, der solche Aussagen hört, wird ihn nicht freisprechen. Trotzdem tragen Vatikan und Kirche daran eine Mitschuld, was Benedikt XVI. vor nicht allzu langer Zeit wohl auch einsah und dabei wahrscheinlich just an diesen Fall dachte. Diese Interpretation der Lüste als Sünde müsste vor allem die katholische Kirche korrigieren. Denn es haben sich viele ihrer Mitglieder und ihrer Suborganisationen davon längst verabschiedet, sodass der Katholizismus insgesamt vernünftiger als die Kirchenspitze erscheint.

*28. Mit dem Vater in der Besenkammer.* Für alle anderen, die sich keinem solchen Zwang anheim geben oder die sich gegen einen vorhandenen familiären Zwang auflehnen, erweist es sich trotz gewisser individueller Spielräume jedoch als ziemlich schwierig, die eigenen Vorstellungen umzusetzen, die gewünschte Lebensform zu realisieren. Denn alle – gleichgültig ob mit emanzipatorischen oder traditionalistischen Ansprüchen – geraten leicht auf Abwege. Auch und gerade die Emanzipation erweist sich als bedroht.

So erklärt die Neu-Ulmer Terroristin ihrem Kollegen *Carlos* im gleichnamigen Film, sie sei Feministin, um sich dann nicht nur seinem Diktat vorbehaltlos zu unterwerfen, sondern sich von ihm auch gleich noch verführen zu lassen. Oder die Verfechterin der offenen Beziehung im Stil von Simone de Beauvoir findet einen neuen, etwas älteren Freund, von dem sie sich jetzt einbildet, der bliebe auf ewig bei ihr, weil sich seine Vorfahren etwa im selben Alter ihre Frauen suchten. Das könnte sich als Irrtum erweisen, handelt es sich allemal um einen induktiven, somit logisch ungültigen Schluss. Oder sie trifft angeblich ihren Traummann, heiratet und bekommt nicht nur Kinder, sondern gibt dafür auch noch ihre Karriere auf. Es liegt nahe, dass Männern dergleichen genauso passiert, vor allem in jungen Jahren, vornehmlich wenn sie zur Kategorie jener mit wenig Glück in der Liebe zählen. Aber Ältere sollen sich auch nicht selten den Kopf von Jüngeren verdrehen lassen, die ihrerseits zumeist häufig eher mit wenig entsprechendem Glück ausstaffiert sind. Sonst hätten sie wohl einen Jüngeren gefunden.

Das kommt selbst heute noch gelegentlich vor und Frauen wie Männer laufen sehenden Auges in ihr Unglück. Früher konnte man sich noch mit den Kindern rausreden, die dabei Sinn verliehen. Doch trotz der Appelle von Verteidigern der Rentenversicherung wie Frank Schirrmacher oder Norbert Bolz produzieren Kinder nicht mehr automatisch Sinn, sind sie eben bloß

Beitragszahler und keine Vaterlandsverteidiger auf dem Feld der sogenannten Ehre. Da müsste man sich schon einbilden, es handele sich um Kinder Gottes, wiewohl die Lebenskünstlerin sehr genau weiß – manchmal vielleicht nicht ganz genau, was wir ihr doch wünschen wollen –, wer denn der Zeuger ist. Oder war es vielleicht der liebe Gott oder gar dessen Sohn. Mit wem sie so alles im Bett liegen könnte! Oder fand die Sache mit dem Vater in der Besenkammer statt, weil sich dieser ihrer doch geniert? Würde ihr auch ein Prophet ausreichen? Damit wird sie sich kaum zufrieden geben. Davon gibt es einfach zu viele.

Glück scheint derjenigen beschieden, die verbeamtete Lehrerin ist und nach solchen traditionalistischen Verirrungen, wenn sich herausstellte, dass das gemeinsame Kapital der Eheleute doch nicht die Kinder sind, jederzeit in ihren Beruf zurückkehren kann. De Beauvoir dagegen war nicht bereit, für ihren Geliebten Nelson Algren ihre Existenz in Frankreich aufzugeben und nach Chicago zu ziehen, er umgekehrt auch nicht. Das hätte das Ende ihrer jeweiligen literarischen Karriere bedeutet. Und ist diese nicht wichtiger als die Liebe? Ein häretischer Gedanke! Aber mit dem Primat der Liebe lockt man die Zeitgenossinnen und Zeitgenossen nur in die Falle traditioneller Lebensformen, verleitet sie zur Aufgabe ihrer Lebensentwürfe, die in der Tat viele im Sinne der biologischen Vermehrung für kontraproduktiv halten.

Daher muss man auch mit den *Hymnen an die Nacht* vorsichtig sein. Völlig jenseitig sind sie nicht ausgerichtet. Aber sie träumen den Traum der bürgerlichen, durch Liebe gestützten so monogamen wie lebenswährenden Ehe. So darf die Hexe Novalis in der Tat nicht verstehen, sonst verliert sie wie Brunhild nach der Entjungferung durch Siegfried ihre Stärke. Letztere nahm bekanntlich Rache. Bei Barbarinnen sollte man auch vorsichtig sein.

In der Tat hüte man sich generell vor dergleichen traditionellen Verlockungen. Wegen einer Beziehung oder Ehe sollte man seine Existenz bestimmt nicht aufgeben oder ändern. Eher pendelt man so lange zur Not im Jetset, bis die Beziehung zerbricht. Oder man ist rational genug, sich trotz fortbestehender Liebe gleich zu trennen, und er geht in seine Heimat Bangladesch zurück, während sie dort nicht zu leben vermag, er aber wiederum nicht in England. Man kann das wie Axel Honneth als Paradoxie des Kapitalismus kritisieren, für den man vor einer Generation noch die Liebe mittels Konsum verlängerte, während man heute Liebe häufig daraufhin überprüft, ob sie den Karrierewegen nicht hinderlich ist.

Dagegen darf man in Frage stellen, welchen Sinn es ergibt, wenn sich einer für den anderen opfert oder wenn Beziehungen durch Konsum erhalten werden. Zudem muss man die Liebe nicht derart erhöhen, dass man um ihrer willen alles andere aufgibt. Dahinter lauert denn womöglich doch nur das Fortpflanzungsinteresse von diversen Gemeinschaften, und sei es auch nur die Familie. Unter traditionellen wie unter konsumistischen Lebensbedingungen ist die Liebe zumeist nur ein Trick. Denn zur Liebe gehört die Hexerei, nicht die Kochkunst.

Oder man träumt von einem romantischen Komfort, der sich dem Christentum verdankt, das nun mal die Liebe zum höchsten Gebot erhob und damit die eheliche verband. Um der Liebe willen, muss dann jeder alles auf sich nehmen. Wenn der andere Kinder will, muss die Nachtschwärmerin sie zur Welt bringen. Wer dazu nicht bereit ist, gilt als egoistisch. Die Gehorsamen werden dagegen später als brave Großmütter und Großväter gelobt. Wer sich darauf freut, der darf für die sogenannte romantische Liebe leben.

Nur vergesse man nicht: In der wirklichen romantischen Liebe, also jener von Eichendorff und Brentano, kriegen sich die Liebenden wirklich erst im Jenseits. Was ist erstrebenswerter: solcherart Ewigkeit oder ein One-Night-Stand? Wie viele Barbarinnen wählen letzteren? Vielleicht will mich eine von ihnen ja eine Ewigkeit lang. Welch erfreuliche Aussichten! Eine Ewigkeit lang denselben, selbst wenn dieser nicht altert! Darüber helfen auch keine himmlischen Kochkünste mehr hinweg.


29. ›*Lasst euch vom Glück nicht verführen!*‹ Jedenfalls sollte nicht nur, wer beruflich brotlose Künste anstrebt oder nach sehr hoch hängenden Kirschen verlangt, wie Nietzsche nicht mehr primär nach dem Glück in der Liebe streben, wiewohl man deswegen heute längst nicht mehr zölibatär zu leben hat. Im 19. Jahrhundert wollte man den Zeitgenossen die Ehe noch durch den Sex schmackhaft machen. Nur schreibt schon Freud, dass dieser irgendwann erlischt. Alles Glück, welches auch immer, stellt zudem eine sehr heikle Verheißung dar und wird wahrscheinlich nicht durch Zufall in der philosophischen Tradition lange vor der Romantik schon als Glückseligkeit bezeichnet. In diesem Leben ist es zumeist sowieso nicht weit her mit dem Glück. Ergo strebe man nach dem Glück im nächsten Leben – für Nachtschwärmerinnen, für die die Nacht der Himmel bzw. die Hölle ist, natürlich ein abstruser Vorschlag. Man darf zudem fragen, ob außer Selbstmordattentätern irgendjemand in der Welt noch so sehr an das nächste Leben

glaubt, dass er sich daran in seinem Handeln wirklich orientiert. Also, an ein nächstes Leben wie dieses hier! Nicht an eins, wo man irgendwo in den Wolken schwebt und Hosianna singt oder im schwarzen Loch mit anderen zusammengepresst wird. Na ja, vielleicht wäre das mal etwas anderes. Man soll ja dann eine Ewigkeit Zeit zum Schmusen haben. Oder handelt es sich dabei nicht eher um eine totalitäre Nestwärme, von der Nostalgiker aus DDR-Zeiten schwärmen? Wie paradiesisch!

Das Glück erscheint nicht nur als religiöse Verlockung. Glücklich wird man gemeinhin, wenn man die traditionellen Rollen übernimmt, d. h. wenn man gerade nicht nach eigenen Lebensvorstellungen strebt. Insoweit erscheint die Rede vom Glück als eine traditionalistische Ideologie, die Nachtschwärmerinnen kaum goutieren. Das Streben nach Glück bringt von den eigenen Ideen ab. Das Glück ist etwas anderes, nämlich bezeichnenderweise das höchste Lebensziel, das anderen Tätigkeiten erst Sinn verleiht, die selbst nicht unbedingt von sich aus sinnvoll sind, nämlich Geld verdienen, Kinder in die Welt setzen, Vater und Mutter ehren, sparsam und fleißig sein, an Gott glauben, ein ordentlicher Mensch sein oder für den Kommunismus kämpfen. Diese Attitüden erhalten erst durch das Glück ihren Sinn und wenn dieser in diesem Leben versagt wird, dann sollen ihn, jene, die es verdient haben, im nächsten Leben erhalten. Dazu gehören kaum unsere Hexen und Anarchinnen, die darauf vermutlich ja auch dankend verzichten würden.

Bereits Kant hat diesen Trick durchschaut, der nötig ist, um Tugend und Moral mit privatem und nicht nur allgemeinem Sinn zu umgeben, während sich die Einzelne in der Öffentlichkeit an die Gesetze halten und diesen auch zustimmen muss, wenn sie obendrein moralisch sein will, unabhängig vom Glück. Grundsätzlich ist der Mensch – so Kant – zum Glück fähig. Wenn er denn auch dessen würdig ist, dann sollte eine göttlich eingerichtete Welt den Würdigen auch glücklich werden lassen. »Denn der Glückseligkeit bedürftig«, schreibt Kant 1788 in der *Kritik der praktischen Vernunft*, »dennoch aber derselben nicht teilhaftig zu sein, kann mit dem vollkommenen Wollen eines vernünftigen Wesens, welches zugleich alle Gewalt hätte, wenn wir uns auch nur ein solches zum Versuche denken, gar nicht zusammen bestehen.«[29] Ergo müssen wir um des privaten Glückes willen zunächst postulieren, dass die Vernunft dergleichen glückliche Folgen wirklich nach sich zieht, dass also vernünftiges tugendhaftes Handeln zum Glück führt. Zweitens, da dies keineswegs gewiss ist, sollten wir uns die Welt von einem Gott so eingerichtet vorstellen, ergo das Dasein Gottes postulieren, dass also der Tugendhafte wirklich glücklich werden kann. Drittens, da man aber offenbar sieht, dass trotz alledem die keusche Zeitgenossin in der Erfahrungswelt nicht glücklich wird, sollte man ihr doch, so sie denn dazu würdig ist, d. h. sie sich ohne Unterlass tugendhaft verhält, wenigstens wünschen, falls es mit dem Glück in diesem keuschen Leben nichts wird, dass es doch wenigstens mit der Glückseligkeit im nächsten noch keuscheren Leben klappt. Ergo postuliert Kant die Unsterblichkeit der Seele. So zeigt er damit die Ungewissheit der Wirkungen der praktischen Vernunft auf das Leben des Einzelnen auf. Nur die Seite des Glücks auch mal nach dem zu befragen, was sich dahinter verbirgt, das unterlässt Kant denn doch.

Wenn es keinen sicheren bzw. angebbaren Weg von

der Tugend zur Glückseligkeit gibt, wenn nun mal in der Erfahrungswelt der Tugendhafte zumeist nicht glücklich wird – jedenfalls nicht im hedonistischen Sinn, höchstens in einem der Übereinstimmung mit einer Mehrheit der Zeitgenossen und deren Gepflogenheiten –, dann zeigt das die Grenzen der Vernunft und der Rationalisierung der Lebensformen auf. Rationalere Verhältnisse machen das Leben der Individuen nicht per se lebenswerter. Nicht nur müsste das Glück der Vernunft erst abgerungen werden. Es steht sogar insgesamt als Lebensziel in Frage, wäre mindestens im Sinne der Lebenskunst neu zu entwerfen.

Es genügt daher nicht, dass die Lust nur insoweit im Leben der Menschen eine Rolle spielen darf, wie sie deren Moralität nicht beeinträchtigt. Genau in diesem Sinn zerstört die Ehe die Lust oder man geht mit ihr pflichtmäßig und wohl organisiert um. Es soll Leute geben, die schaffen das vierzig Jahre lang mit nur einem Ruhetag pro Woche. Das ist die höchste Form protestantischer pragmatischer Rationalität, wenn man glaubt, die Ehe ganz im Sinne Kants durch pflichtmäßigen lebenswährenden gegenseitigen Gebrauch der Geschlechtsorgane zu stabilisieren. Zwischenzeitlich ist es eher umgekehrt, die Lust zerstört die Ehe, was sich nicht mehr als unmoralisch qualifizieren lässt, sondern zu einer Umwertung der Werte führt. Die Werte der Nacht, also die Lust, treten an die Stelle der Werte des Tages, also des Dienstes: Die Eule der Minerva fliegt nachts, wenn sie nach Hegel ihren Flug in der Abenddämmerung beginnt. Das verbindet Philosophie strukturell mit dem Hedonismus. Aufklärung wird nicht auf der Ebene der Allgemeinheit, sondern auf der individuellen vollendet.

*30. Elternglück oder wilde Liebesnacht.* Dem widerspricht allerdings Otfried Höffe: »Entgegen mancher Fehldeutung ist die Moral weder dem Leben noch der Lust feindlich gesinnt. Sie relativiert sie nur, indem sie ihnen die Lizenz zur letzten Antriebskraft entzieht. (…) Letztlich spricht für die Moralität nicht das Glücksverlangen des Menschen, sondern sein Interesse, als Moralwesen mit sich im Reinen zu sein.«[30] Für Höffe braucht das Glück die Moral, da es ohne sie keine Nachhaltigkeit besitzt. Wenn dergleichen Glück eine anthropologische Grundlage darstellt, im Einklang mit sich und seiner Umwelt, ein erfülltes Leben zu führen, dann gäbe es keinen Gegensatz zwischen Glück und Moral. Doch dabei käme kaum etwas anderes heraus als eine traditionelle Lebensform, als Familienvater zu werden.

Doch die traditionelle Moral kann unter pluralistischen Bedingungen ihre universellen Ansprüche nur auf einer sehr abstrakten Ebene einlösen, die nicht bis in die selbstgewünschte Lebensform der Nachtschwärmerin reicht. Will jeder mit sich im Reinen sein, mit dieser Form einer allgemeinen Moral? Es würden einige reichen, die das ablehnen, um Höffes These in Frage zu stellen. Ist man mit sich selbst im Reinen, wenn man moralisch ist? Dann ist man bestenfalls ein anderer, wie ihn Pfarrer und Schwiegermütter lieben. Der asketische Protestant muss derart mit sich im Reinen sein. Dazu unterwirft er sich einem Moralcode.

Das ist schwerlich eine Kunst, vielmehr eine bloße Anpassung. Die Lebenskünstlerin ist nicht mit sich im Reinen, sieht darin auch kein Problem. Die andere, die sie selbst ist ähnlich dem Protestanten, verdankt sie aber ihren eigenen Vorstellungen zumindest im Sinne von Anstößen, nicht einem oktroyierten Moralcode.

So wäre Glück höchstens der Augenblick, der ohne Lust und den Gebrauch der Lüste bescheiden bleibt wie das Elternglück gegenüber der wilden Liebesnacht. Diese stellt jedoch kein Glück in diesem abstrakten Sinne dar, sondern ist ein Glück im Sinne eines glücklichen Zufalls, wenn zwei einander zufallen, was sich eben nicht planen lässt, was eher einem Rausch, denn dem Glück entspricht. Oder Glück wäre die launische Fortuna, die eine wilde Nacht mit Dionysos verbringt, aber bitte nicht jede Nacht und sei es nur ein Leben lang. Da würde Dionysos denn auch der Joint nicht weiterhelfen. Aber vielleicht Viagra.

31. ›Judenmädchen werden manchmal nicht nur ihrer Mitgift wegen geheiratet‹. Wer also in dieser Welt bestimmte Vorstellungen vom eigenen Leben durchsetzen will, wer in diesem Sinne sein Leben gestalten will, braucht ein wenig Glück, besser Fortune, aber kein glückliches Leben, und darf sich vor allem von der eigenen Lebensgestaltung gerade nicht ablenken lassen. So hütet sich die Nachtschwärmerin vor Verführungen zur Moral, vor schönen philosophischen Reden der mit sich selbst übereinstimmenden Reinheit oder priesterlichen Worten vom Paradies und der Liebe Gottes. Doch auch mit Sex and Drugs and Rock'n'Roll, geht sie vorsichtig um, genauso wie mit Schönheit und Erotik, allerdings nicht deswegen, weil beide gerne mit dem Geldbeutel verwechselt werden: Aber Schönheit und Erotik sind nun mal käuflich. Dass sich etwas kaufen lässt, verdirbt das Käufliche nicht. Das Gegenteil tritt gelegentlich ein. Doch in der Schönheit drückt sich auch die Rationalität traditioneller Lebensformen aus, der Drang der Schwa-

chen zur Ehe und zur Moral. So sah es zumindest in vergangenen Jahrhunderten aus. Über solche Verlockungen stolpert man auch heute allenthalben.

Diese Gefahren eröffnen eine ziemlich tragische Aussicht für Hedonisten, die sich doch am liebsten der Lust hingeben, verführen und sich verführen lassen: Doch dann bleibt man nicht lange Hedonist, sondern sieht sich plötzlich in der Rolle des treu sorgenden Familienvaters, der heute eher ein Familiendiener ist, wenngleich er die emanzipativen Ansprüche der Frauen noch längst nicht erfüllt. Das wäre nicht so schlimm, wenn es nicht um Treue und Dienst ginge und längst nicht mehr um die Lust. Wenn sich die Nachtschwärmerin vom Falschen verführen lässt, vom treusorgenden, gar nicht hedonistischen Mann und er ihr dann auch noch die Abtreibung ausredet, dann behält der Gemeinspruch recht: ›Die Lust ist kurz, die Reu' ist lang.‹ Dann übernimmt die Hexe eine Philosophie des Dienens, also des Tages, während sie sich nachts erholt, die Nacht also nicht mehr philosophisch versteht.

Trotzdem, so Hannah Arendt: »Schönheit kann eine Macht sein bei Frauen, und Judenmädchen werden manchmal nicht nur ihrer Mitgift wegen geheiratet. (…) In einer Frau schafft Schönheit die Distanz, aus der her sie urteilen und wählen kann. Keine Klugheit und keine Erfahrungen können den Mangel solch natürlich gegebenen Raumes für die Urteilskraft aufholen.«[31] Ob das wirklich natürlich gegeben ist, darüber darf man streiten. Über die Literatin Karen (Tania) Blixen, die unter dem Namen Isak Dinesen publizierte, bemerkt Arendt jedoch ohne mürrischen Unterton, sie sei sich darüber klar gewesen, ihren wenig familienbegeisterten Liebhaber, den Abenteurer Denys Finch Hatton, nur durch ihre

Schönheit halten zu können, nicht aber etwa durch Häuslichkeit. Die Schönheit muss also nicht notgedrungen zu Ehe und Fortpflanzung führen, wiewohl sich das leider nach wie vor nicht ausschließen lässt. Besonders schöne Frauen werden immer noch gerne schnell geheiratet.

Dabei darf man Sexualität nicht mit Schönheit verwechseln; bzw. sexuelle Attraktivität verdankt sich keineswegs allein oder primär der Schönheit. Man könnte mit Kant sagen, die Schönheit spielt bei der sexuellen Attraktivität beiher. Sexy ist nicht unbedingt schön, wobei beides heute nicht mehr notwendig in die Fortpflanzung führt. Wie bemerkt doch Blumenberg: »Ich erinnere an die einzige wirklich bedeutende Veränderung des menschlichen Verhaltens in unserem Jahrhundert durch die Kontrazeptiva.«[32] Seither ist Schönheit eine Macht, der die Lebenskünstlerin ihrerseits weniger ausgeliefert ist als früher.

Im Fall von Isak Dinesen erscheinen die Konsequenzen der Brut noch riskant, die die Häuslichkeit mit sich bringen, was dem Zweck der Schönheit entgegenarbeitet. Denn Fortpflanzung stellt ein gewisses psychologisches Risiko für die Schönheit dar. Also, auch hierbei widerstreiten eine gewisse Vorstellung von sexueller Aktivität und Schönheit. Wenn man für die Brut sorgen muss, dann hat man nicht mehr so viel Zeit, zum Friseur zu gehen – und vor allem nicht mehr das Geld –, Kinder sind ein Armutsrisiko, gerade für Nachtschwärmerinnen und bestimmt für Philosophen als Kleinunternehmer. Kinder sollten eigentlich nur die Reichen bekommen. Nur kommt es manchmal auch bei Philosophen anders.

Die Klage, die vom Papst über Wertkonservative bis zu grünen oder linken Familienpolitikern geführt wird, heißt dementsprechend, dass die Konsumwelt nicht auf Familie und Kinder abzielt, sondern auf Diskogänger, eventuell noch Menschen auf der Partnersuche – bei der man eigentlich verharren sollte –, aber ansonsten auf ledige schlanke athletische Doppelverdiener, von denen Wissenschaftler wahrscheinlich nicht mal zu Unrecht sagen: double income, no sex. Aber der Sex bleibt trotz Pille das Gefährliche, das einer Hexe das ganze Lebenswerk versauen kann. Daher geht sie damit vorsichtig um, um die Lust zu genießen und unliebsame Folgen zu vermeiden.

Zwar müssen Models gelegentlich öffentlich Mütter spielen. Die Tätigkeit, mit der sie berühmt werden oder auch nur ihr Geld verdienen, repräsentiert nur in seltenen Fällen Familie und Mütterlichkeit, höchstens wenn die CSU für ihre Familienpolitik wirbt oder der Vatikan gegen die Abtreibung und für das Leben mobil macht, zumeist mit einer Dame, die gerade nicht schön, sondern mütterlich aussehen soll und ein Baby auf dem Arm trägt – ein Bild der Caritas, das eine Anarchin wahrscheinlich gruseln lässt. Aber vermutlich wurde selbst in diesem Fall noch ein Model genommen, das den Idealmaßen entspricht und einfach nur bieder und hässlich gestylt und geschminkt wurde: underdressed.

Es gibt nun mal keine natürliche Schönheit, sowenig wie natürliche Hässlichkeit. Beides verdankt sich erstens der Fähigkeit zu gestalten und zweitens der performativen Kraft des ästhetischen Urteils, das nach Kant eine subjektive Allgemeinheit beansprucht, d. h. die Beistimmung eines jeden. Damit ordnet es implizit andere Urteile unter. Indem es sich derart durchsetzt, also von anderen anerkannt wird, erklärt es jemanden, ein Kunstwerk oder eine Landschaft für schön. Das Urteil macht schön und die Schminke setzt dergleichen um. Schönheit avanciert zu einem mächtigen Konstrukt.

Dass sie indes eine biologistische Komponente besitzt, erscheint ziemlich absurd. Dass sie gar mit Darwin in Verbindung gebracht wird, stellt einen wunderbaren Kategorienfehler dar. In der Tat bemerkt Darwin, dass ein besonders buntes Gefieder eines Vogelmännchens einen Vorteil im Kampf um die Weibchen darstellt. Aber bitteschön, das Vogelweibchen besitzt doch keine ästhetische Urteilskraft, die ihr beibringt, dass sie das nicht so ernst nehmen darf, handelt es sich doch beim ästhetischen Urteil – wie Kant treffend formuliert – um eine Einstimmung der Gemütskräfte in den Zustand der Zweckmäßigkeit, ohne dass man einen Zweck angeben könnte. Nein das Gefieder stellt nicht mehr als einen Impuls dar und hat gar nichts zu tun mit Schönheit, die nur die Menschen empfinden. Das ist vielmehr vergleichbar damit, dass angeblich gerade empfängnisbereite Frauen einen Duftstoff absondern, der menschliche Männchen besonders anzieht und der alle guten Geister vertreibt, manchmal so nachhaltig, dass manche meinen, Schönheit hätte einen Naturzweck, nämlich den der Fortpflanzung. Was Nietzsche unter der Überschrift »Den Kopf verloren« dichtet, betrifft auch so manchen heutigen Wissenschaftler: »Sie hat jetzt Geist – wie kam's, dass sie ihn fand? / Ein Mann verlor durch sie jüngst den Verstand, / Sein Kopf war reich vor diesem Zeitvertreibe: / Zum Teufel ging sein Kopf – nein! nein zum Weibe!«[33] Wollen wir der Damenwelt wünschen, dass solche Wissenschaftler ihren Ehefrauen treu bleiben, schließlich haben diese ja deren Verstand.

Manchmal verliert sich allerdings auch die Lebenskünstlerin in der Schönheit und landet am Ende in der

Tradition: Das zwanzigjährige Model, das den reichen dreißig Jahre älteren Großverleger heiratet und gleich ein Kind bekommt. Aber sie kann sich ja mit guter Abfindung scheiden lassen. Denn wer heiratet schon jemanden, der dreißig Jahre älter ist und arm? Muss er nicht auf jeden Fall reicher sein?

Doch Schönheit hat nun mal nichts mit Natur zu tun – nirgendwo, weder auf den Höhen des Matterhorns, noch an den Stränden der Seychellen, auch nicht im bayerischen Oberland – oder mit Harmonie, es sei denn man sucht sie im nächsten Leben. Oder irrtümlicherweise bei Weleda: »Wenn es einen Experten für zeitlose Schönheit gibt, dann die Natur«. Es gibt nur leider nichts Zeitloses, allemal nicht in der Natur und schon gar nicht die Schönheit, also wiederum nur im nächsten Leben: Biokosmetik als Religionsersatz. Ob die Heiligen im Himmel oder im schwarzen Loch hübsch sind, darüber müsste man vielleicht mal bei Thomas von Aquin recherchieren.

Dass Schönheit reduziert zu einem sexuellen Attraktionsimpuls in das Konglomerat von Fortpflanzung mit eingeht, lässt sie zu einem Nebenaspekt der Evolution werden. Nur hat das nichts mit Sozialdarwinismus zu tun, sondern mit einem momentan relativ naheliegenden Verständnis vom Menschen, der sich rationaler denn als Produkt der Evolution nicht erklären lässt, die Barbarin somit auch niemals dieselbe bleibt, weder emotional, noch ethisch, noch epistemologisch, noch technisch.

*32. Rubens-Figur oder Twiggy.* Zwar kann man immer über Schönheit streiten, aber die fruchtbaren Familienmenschen legten und legen häufig keinen Wert auf Schönheit, wahrscheinlich mehr auf Sex. Oder sie beseelt die innere Schönheit, die keine ist, oder die es nicht gibt, und zwar schlicht, weil sie den Ort der Schönheit verwechselt hat. Die schöne Seele erfüllt ihre Pflicht aus Neigung: Die Zeiten, als man die Pflicht für schön halten konnte, sind entweder vorbei, oder ein solches Leben im Dienst der Gemeinde wäre nicht der Mühe jener wert, die aus dem Leben ein Kunstwerk machen möchten.

Von Schönheit reden wir gemeinhin bei Sicht- und Hörbarem, kaum beim Parfum, noch weniger bei der Weichheit, die der Weichspülerproduzent anpreist. Im Grunde erscheint es schon reichlich übertragen, wenn man von einem schönen Roman spricht, weniger von einem schönen Gedicht, das man hören kann, weil es gemeinhin dazu kurz genug ist, ein schöner Film, der zu sehen ist, ein schönes Hörspiel, das einen unmittelbaren Genuss bietet. Schönheit – das ästhetische Urteil – hat seinen Ort in der Oberfläche und einer überschaubaren Zeit oder geht nur vermeintlich tief, wenn Aristoteles von der Stimme als Ausdruck der Seele spricht: eben das Hörspiel.

Was aber hören wir, wenn einer sein Herz ausschüttet? Entweder Erlebnisse, die ihm äußerlich begegneten oder deren Verarbeitung, und dann spielt das Unbewusste mit, von dem man schwerlich sagen kann, es läge in der Tiefe, sondern nach Sigmund Freud einfach an einem anderen Ort. Was hören wir dann? Höchstens noch eine Seele, die nach Foucault das Gefängnis des Körpers ist, weil sie ihn nach den erworbenen oder eigenen Vorstellungen prägt, also wesentlich von außen. Diotima aus Platons *Symposion* erläutert, dass der Jüngling zunächst die Schönheit des anderen Jünglings erkennen und lieben soll, um dann festzustellen, dass es davon mehrere gibt. Nach Diotima dient diese Pluralisierung nur dazu, den Gedanken einer universellen Schönheit langsam zu lernen. Doch man könnte einwenden, dass der Jüngling nun fleißig möglichst viele andere schöne Jünglinge genießen sollte, anstatt sich mit der Idee zu beschäftigen, noch dazu wenn jene ihm gar nicht gefährlich werden, ihn gar nicht in die Ehe und in den Dienst an der Gemeinde locken können, der entscheidende Vorteil des Gebrauchs der Lüste mit dem eigenen Geschlecht, der den Gemeinspruch schlicht hintergeht.

Aber nein, so einfach ist es nicht. Diotima hat schon recht. Der schöne Jüngling muss lernen, dass die Schönheit von den schönen Sitten und letztlich von der Idee der Schönheit getragen wird. Würde er das nicht lernen, könnte er bald die anderen schönen Körper nicht mehr genießen. Er muss nämlich die Fähigkeiten lernen, seinen eigenen Körper schön zu machen, sonst hat er bald im gar nicht darwinistischen, sondern hedonistischen Kampf um die schönsten Körper keine Chancen mehr, hat schnell keinen schönen Körper mehr zu bieten, wenn die jugendliche Frische verblasst ist. Die Seele als das Gefängnis des Körpers diszipliniert ihn nicht nur, sie gibt ihm auch die schöne Form. Das mag ja für viele schrecklich sein und sie träumen wirklich lieber von einem Körper, der irgendwann wiederaufersteht, während die Seele tun und lassen kann, was sie will, vorausgesetzt, sie hat im Sinne von Blaise Pascal richtig gewettet, nämlich darauf, dass es einen solchen Gott gibt.

Schönheit, das sagt Diotima richtig, verdankt sich einerseits den schönen Sitten, also der Kultur. Schönheit ist in jeder Hinsicht kulturvariant: Im Barock verkörperten die Dicken das Schönheitsideal: die Rubens-Figur. Allein schon daher hat sie nichts mit Natur zu tun. Im Mittelalter empfand man hohe Berge als bedrohlich, nicht als schön. Eine solche Einschätzung entsteht erst, als man im 18. Jahrhundert anfängt, die Berge zu beherrschen. Aber Verfechter absoluter Ideen müssen die Historizität ihrer selbst geflissentlich ausblenden. Sonst könnten sie keine Absolutisten sein.

Als höchste Idee birgt sie andererseits – das hat Diotima nicht so genau begriffen – eine Technik des Individuums – wer wäre sonst der Träger der Ideen, wenn wir sie keinem Himmel mehr zuordnen könnten. Der schöne Jüngling benötigt die Idee der Schönheit, um sich selbst schön zu machen, da er von Natur aus gar nicht schön sein kann. Denn die Jugend lässt sich mit Schönheit nicht gleichsetzen. Viele Junge sind gar nicht schön bzw. werden erst schön, wenn sie sich schön machen. Dabei darf man bezweifeln, ob es die junge Dame dabei leichter als die ältere hat, wiewohl die Gründe dafür irgendwo im Unbewussten verschwimmen mögen. Für die Männerwelt ist das ein noch größeres Dilemma und wird nur dadurch kompensiert, dass Frauen mit Männern selten wegen deren Schönheit Beziehungen eingehen.

Schönheit ist ein Oberflächenphänomen; denn nirgendwo sonst ist sie zu sehen als im schönen Körper. Aber dieser schöne Körper ist gerade nicht von Natur aus schön, das ist nur eine jugendlich naive Fehlinterpretation, eben des schönen Jünglings, sondern ein Produkt des Individuums, das dazu die Fähigkeiten kulturell erlernen muss, also als ein Bildungsprozess. Man muss den Umgang mit den Utensilien, die schön machen, üben. Man muss die Wirkung überprüfen, die das eigene

Werk auf andere hat. Richard Rorty propagiert so nett den protestantischen Spruch, man müsse an etwas anderem herummodeln, um an sich selbst herumzumodeln. Dann ist das andere nämlich mein Körper, an dem ich herummodeln muss, um mich schön zu stylen. Ich bin ja nicht mal mein modulierter Körper, geschweige denn der vermeintlich naturgegebene. Indem ich meine Äußerlichkeit, das Andere forme, wirke ich auf meine Umwelt, von der ich dann ein entsprechendes Feedback erhalte, das mich wiederum beeinflusst.

Innerlich stellt die Schönheit nur ein Wissen um die Techniken des sich Schönmachens dar. Die innere Idee der Schönheit ist die Fähigkeit der Lebenskünstlerin, sich oder etwas anderes – das Kunstwerk – äußerlich schön zu machen. Aber das sind zwei völlig verschiedene Angelegenheiten. Um sich oder ein Werk schön zu machen, muss man häufig durch allerlei Hässliches. Also lässt sich das schwerlich als die Schönheit selbst bezeichnen, diese innerliche Kompetenz – da hat sich Diotima in Platon den falschen Ghostwriter gesucht. Schönheit läuft über die Sinne. Andere Verwendungsweisen sind metaphorisch. Auch das ästhetische Urteil ist selbst nicht schön, sondern bloße Sekundärtugend.

Sogar die Idee der Schönheit lässt sich nicht als schön bezeichnen. Ideen sind nicht schön. Sie haben keine Äußerlichkeit. Höchstens bestehen sie aus Buchstaben, die für sich genommen nicht gerade das ästhetische Urteil provozieren. Erst wenn Ernst Jandl sie konfiguriert, weckt das den Geschmackssinn. Erst wenn man die Idee des Schönen metaphorisiert oder verbildlicht – man denke an die diversen Darstellungen der Justitia –, dann plötzlich verlangt das ästhetische Urteil die Beistimmung eines jeden.

*33. Ist Beten besser als Schminken?* Wer über die Techniken, etwas schön zu machen, nicht verfügt, verfügt der über Urteilskraft? Das ist nicht gesagt. Andererseits gibt es auch Theoretikerinnen, die nur über Urteilskraft aber nicht über die Kunstfertigkeit verfügen, selbst ein Kunstwerk zu schaffen: Immanuel Kant oder die Filmkritikerin. Daher wünschen sich viele Kunst- besonders Filmkritikerinnen, selbst mal ein Kunstwerk zu schaffen. Aber man muss nicht alles ausprobieren. Das ist der Vorteil der Theoretikerin, die richtige Theorie zu entwickeln, beispielsweise die der freien Liebe. Aber halten muss sie sich nicht daran. Das sollen mal die anderen machen.

Oder auch nicht? Normative Theorien leiden doch allzu leicht am fahlen Nachgeschmack, sie würden Wunschdenken entspringen oder mit dem moralischen Zeigefinger daherkommen. Daher sollte die Theoretikerin – das ist natürlich selbst wieder ein normativer Anspruch – besser nur beobachten und beschreiben, jedenfalls niemandem Vorschriften machen. Aber warum sollte man nur beobachten und beschreiben? Weil die Wissenschaft das am besten kann! Aber kann sie das wirklich, ohne dass Werturteile eingehen? Offenbar nicht! Und wenn man zudem die Welt verändern will – und wer will das nicht –, dann ginge es wissenschaftlich um Kritik und Handlungsanweisungen. Aber man darf die Welt auch lassen, wie sie ist und sie einfach bejahen. Ist die Welt nicht längst viel zu sehr verändert worden?

Bleibt zudem der Ton bei der Beschreibung neutral, was der Sachlichkeit angemessen erscheint, mangelt es ihm an Lebendigkeit und Spritzigkeit. Wechselt die beobachtende Theoretikerin in einen schwungvollen und ironischen Ton, drücken sich ihre impliziten Wertungen wieder stärker aus. Dann gilt für den ästhetisierten Stil wohl nicht durch Zufall das, was Adorno über die Kunst sagt, dass diese nämlich enthülle, was die Ideologie verschweige, also dass nicht die kognitiven Gehalte, sondern der Stil die geheimen Werte entbirgt.

Die Fähigkeiten, sich schön zu machen, entsprechen jedenfalls den Fähigkeiten der Künstlerin. Das reicht in den Bereich der Lebenskunst, sofern die Nachtschwärmerin ihr Leben ästhetisch nach eigenen Ideen gestaltet. Wer für sich selbst keinen ästhetischen Sinn besitzt, der tut sich mit der Hexerei sicherlich schwer. Man muss sein Leben konstruieren, erfinden, erbasteln, oder man übt sich in traditionelle Rollen ein: Dann konstruiert man sich selbst nicht, man erfindet sich nicht, und vor allem ästhetisiert man sich nicht, sondern folgt nur den gängigen ästhetischen Vorstellungen. Im Rahmen der Lebenskunst besitzt die Schönheit einen Selbstzweckcharakter, da sie weder dem Sex noch dem Gebrauch der Lüste untergeordnet ist.

Schönheit ist ansonsten, wenn man es als Oberflächenphänomen begreift, ein Konstrukt, das geschaffen werden will wie ein Kunstwerk. Aber die sichtbare Welt besteht nun mal allein aus Oberflächen. Gehen wir in die Tiefe, schneiden wir den Bauch auf, holen wir die Leber raus, dann haben wir wieder eine Oberfläche. Sezieren wir sie, erhalten wir als Sichtbares erneut nur Oberflächen. Der Blick mit medizinischen Instrumenten in das vermeintlich Innere des Körpers entbirgt gleichfalls nur Oberflächen. 3D besteht nur aus unzähligen Oberflächen. Insofern hatte die zweidimensionale ägyptische Kunst durchaus recht, bzw. gibt es nun mal in der Kunst keinen Fortschritt.

Aufgrund ihres Oberflächencharakters hat die Schönheit einen ihrer primären Orte in der Mode. Der Kapitalismus macht die Welt nicht hässlicher. Wenn sich die Identität aus der Warenform ergibt, dann erscheint das von außen betrachtet im individuellen Fall als tragisch, nicht aber für die Barbarin, die die schönen Sitten nicht anders lernte. Wäre es für sie besser, in die Kirche zu gehen? Ist Beten etwa besser als Schminken? Ist Engagement für die Armen etwa wichtiger als der Frisörbesuch? Soll man sein Geld etwa lieber Greenpeace oder Attac spenden, anstatt es zu Versace zu tragen?

Wenn ich darauf insistiere, dass sich beides auf derselben ethischen Stufe befindet, habe ich kräftig auf- und abgewertet, obgleich ich nur Wertegleichheit herstelle. In diesem Sinn hat ein medialer omnipräsenter Kapitalismus, der sich der Schönheit bedient – alle bedienen sich der Schönheit –, keine geringere ethische Berechtigung als die graue DDR. Und warum sollte man denn Widerstand leisten, wie es Adorno fordert? Und wogegen? Noch schwieriger ist die Frage ›Wofür?‹ zu beantworten.

Findet sich nicht in der Schönheit, die von den Sitten geprägt wird, ein Punkt, der sich individuell so richtet, wie man es wünscht, der sich daher nicht in die Arbeitereinheitsfront entzieht und den Vorwurf des falschen Bewusstseins in Kauf nimmt? Das Individuum befindet sich nun mal in der Situation, die kulturell vorgeprägt wird. Daran muss es nicht zugrunde gehen. Im Gegenteil, die Lebenskünstlerin nützt die Schönheit zur Gestaltung ihres Lebens und entzieht sich dadurch heute – früher nicht – dem Dienst an der Tradition. Mit der lebenslangen Schönheit – auch wenn sie tendenziell langsam nachlässt, was Männern im Grunde nicht anders ergeht – bewahrt sie sich ihre Kommunikations- und somit Beziehungschancen.

Schönheit ist Kommunikation, Begegnung. Nur durchdringt sich hier nichts, bleibt der Blick an der Oberfläche. Alles andere ist Einbildung. Sie ist auch Wiedererinnerung, beispielsweise an andere schöne Frauen, was indes wenig rücksichtsvoll im Augenblick der Begegnung mit der Nachtschwärmerin wäre. Man sollte sich doch nicht so sehr an so viele andere erinnern, wenn man haucht: ›Ich liebe dich‹ – eine Angelegenheit, die alles andere als unendlich, vielmehr höchst endlich ist, ja meistens noch schneller endet, als man denkt. So hat Schönheit wenig mit Liebe zu tun, wiewohl sie gelegentlich in dieser Hinsicht ähnlich wie beim Gebrauch der Lüste anregend wirkt. Aber wie sagte doch Fontane: Die Liebe fällt nicht immer auf ein Rosenblatt – und man möchte ergänzen: schon gar nicht in der Nacht, was sehr gefährlich ist, weil manche Traditionalisten doch nur die Vermehrung im Sinn haben. Oder hat Liebe doch mit Schönheit zu tun, wenn sich das Schönheitsempfinden offenbar sowenig wie die Liebe einfach steuern lässt? Mit etwas Geduld natürlich schon.

Schönheit ist eine Macht, sie zieht an. Sie stellt auch eine Verheißung dar. Und in der Tat erinnert sie an ein verlorenes Paradies. Denn hinter ihr ist nichts mehr. Nein, sie erlöst die Welt nicht. Sie ist nur um ihrer selbst willen da oder als Verlockung zu etwas, was man womöglich gar nicht will. Aber wenn sie nicht zum Mittel gemacht wird, nicht mal zum Mittel der Kommunikation, wenn sie nur sich selbst repräsentiert, nur Signifikant ohne Signifikat ist – denn welche Bedeutung hätte denn Schönheit? –, just dann ist sie in ihrem wesenlosen Wesen angekommen. Gleichgültig wer sich ihrer bedient, der Kapitalismus oder die Biopolitik, die christlichen Familienpolitiker, Adorno oder die Lebenskünstlerin: Schönheit ist Schönheit ist Schönheit ist Schönheit ist Schönheit – und hilft nicht unbedingt gegen den Gemeinspruch. Doch die Lebenskünstlerin geht ein solches Risiko zumeist ein.

Denn die Schönheit fördert nicht nur die Kommunikation, sie weist den Weg in eine Philosophie der Liebe und der Nacht. Mag sie sich am helllichten Tag blendend präsentieren, so weist sie doch den Weg in die Nacht der Lust. Vor allem aber erweitert sich das Spektrum der Schönheit gerade in erotischer Perspektive im Zwielicht von Kerzen, unter Laternen, im Mondlicht. Das Grelle des Tages entbirgt nicht nur die Schönheit, sondern auch das Unschöne, die Schwäche und den Kitsch. Das Dunkle des Abends und der Nacht verbirgt alles Unschöne, das die erotische Anregung verhindern könnte. So eröffnet die Nacht der Schönheit weitreichende Perspektiven, sie geht mit der Abenddämmerung und dem Abschied von Tag auf.

Wie arm und kindisch / Dünkt mir das Licht, /
Mit seinen bunten Dingen / Wie erfreulich und gesegnet /
Des Tages Abschied.

*(Novalis, Hymnen an die Nacht)*

# V. Womit schützt sie sich vor Ehe, Familie und Dienst?

*34. Darf sich die Nachtschwärmerin einer Verführung entziehen?* Gerade wenn sie bereit ist, Risiken einzugehen, wird es umso nötiger, ein Abgleiten von den eigenen Plänen zu verhindern, sich beispielsweise nicht von traditionellen Lebensformen wie Familie, Wehr- und Arbeitsdienst einfangen zu lassen, auch nicht mit dem Argument, etwas gegen das Leiden zu tun. Womit widerstreiten Hexen besagtem Gemeinspruch? Jedenfalls nicht dadurch, dass sie sich in den Dienst des Kampfes gegen das Leiden nehmen lassen. Dann folgten sie einer Philosophie der Morgenröte, nicht der Nacht, wären keine Teufelinnen, freuten sie sich nicht, wenn sich der Tag mit seinem Gold im Mund glücklich verabschiedet.

Die erste positive Antwort, die sich auf verschiedene Traditionen berufen kann, lautet Askese, nämlich Verzicht darauf, den Verlockungen – manchmal auch jenen der Schönheit – nachzugeben. Die Anarchin darf nicht zur Sklavin ihrer Wünsche und Bedürfnisse wie der Schönheit werden. Askese hilft dabei, dass man diese kontrolliert und beherrscht. Selbst wenn sie ein noch so großes Bedürfnis verspürt, Streicheleinheiten zu verteilen, sollte die Lebenskünstlerin die Anhänglichkeit und Familienfreundlichkeit des potenziellen Partners besser genau analysieren. Obendrein erweisen sich Bedürfnisse als verdächtig, die durch Anschaffung von Hund oder Kind befriedigt werden. Sonst geht sie irgendwann, anstatt für ihre eigenen Lebensentwürfe, für ihre Kinder und Hunde arbeiten.

Trotzdem erscheint der Einsatz von Askese als Rettung der eigenen Interessen für die Nachtschwärmerin leichter gesagt als getan. Wie wehrt sie solche Verlockungen ab? Darf sie sich einer Verführung entziehen? Natürlich, wenn der Möchtegernverführer ein verschmähter Verehrer ist, den sie schon mal abwies und dem sie besser nicht den kleinen Finger gibt. Sonst klemmt dieser ihr noch nachts Rosen unter den Scheibenwischer. Aber wenn es sich um einen attraktiven Mann handelt, der beispielsweise einen Kinderwunsch hegt? Hier erweist sich die Sachlage doch als erheblich komplizierter. So bleibt selbst der Hexe nichts anderes übrig, als sich in vielen Situationen nicht oder zumindest zunächst nicht in Versuchung führen zu lassen, um auf jeden Fall Zeit zu gewinnen, über die Verführung nachzudenken.

Geht das überhaupt? Kann man eine Verführung aufschieben? Manche Situation steigert sich zur Unerträglichkeit und es bleiben nur die Alternativen der unmittelbaren Hingabe oder der Zurückweisung. Galanter allemal aber ist, die Spannung zu erhalten und deren Auflösung möglichst häufig zu vertagen. Das verlängert das Vorspiel, das allemal reizvoller ist als das Nachspiel. Und man gewinnt genau jene Zeit, um die diversen Konsequenzen zu bedenken. Hat das Nachspiel erst mal stattgefunden, droht doch schnell die Routine der Zweierbeziehung.

35. »Gottgewollter Beruf ›eine nüchterne Kindererzeugung‹«. Aber wie bekommt man das hin? Muss man sich ge-

nauso verhalten wie die großen Asketen der christlichen Tradition, die auf Säulen oder in Tonnen wohnten? Doch das Vaterunser hilft dabei schwerlich. Die geschicktesten Verführer sind doch die Religionen. Just sie verführen zu Mann und Kind, anstatt zum eigenen Werk und Leben. Eine frühere Freundin antwortete auf meine Frage, wie es bei ihr mit der Liebe stehe: Sie hätte den besten Liebhaber, den es gibt, nämlich Krishna. Jesus soll dazu auch gelegentlich missbraucht werden, und manchmal von Ferne jene Gottesmutter.

Wie vermeidet die Nachtschwärmerin solche Verführungen, sei es von Religionen oder von Kommunisten, die Geschichten von *Helden der Familie* erzählen? In Bertolt Brechts *Ballade* bedient *Hanna Cash* in der Seemannsbar, wo sie ihren Gatten, einen Halbganoven kennenlernt, dem sie ein Leben lang treu bleibt. Sie war wohl zum falschen Zeitpunkt am falschen Ort und hatte, wie Brecht es besingt, zu wenig Talent.

Auf die Frage bleibt in der Tat nichts anderes als die Antwort: durch Askese – just durch das, was man von Gläubigen wie von Kommunisten lernen kann, nämlich Einsicht in die postulierten Notwendigkeiten und strikte Orientierung des eigenen Verhaltens daran! Bis man politisch die Macht übernommen hat, darf man die meisten Angebote nicht annehmen. Aber Askese, Verzicht, Selbstbeschränkung fallen natürlich jenen besonders schwer, die gerade nicht asketisch, sondern hedonistisch leben wollen – und das ohne göttliche Hilfe oder Ratschläge.

Die Askese ist nicht nur durch den radikalen Protestantismus längst von den mittelalterlichen Mönchszellen zu einer innerweltlichen Tätigkeit selbst von Kommunisten transformiert. Sie hat sich dabei des religiösen

Sinns entledigt. 1904 unterscheidet Max Weber religions-soziologisch die jenseitsorientierte, häufig mystische Askese, wenn Mönche hinter Klostermauern zurückgezogen das kontemplative Gespräch mit Gott suchen, von der innerweltlichen Askese, z. B. der Calvinisten, die sich in der sündhaften Welt bewähren müssen: Aller Genuss und jede Freude lenkt die Menschen von der Konzentration auf ihr Seelenheil ab. Jede Sünde, die keine Buße zu tilgen in der Lage ist, schreibt sich unauslöschlich ins kosmische Gedächtnis eines fernen Gottes hinter den Sternen ein, mit dem man auch kein Gespräch suchen kann. Hilft auch keine Kontemplation, bleibt dem radikalen Protestanten gar nichts anderes, als methodisch jede Sünde zu vermeiden. Wodurch vermeidet man jegliche genießerische Haltung? Durch ständige Arbeit, die keinen Spaß machen und sich auch keiner Sucht verdanken darf. Denn Calvinisten taugte die Arbeit noch einschränkungslos als Strategie, um jede Form des süßen Lebens zu vermeiden. Das bleibt natürlich nicht ohne Konsequenzen für andere Lebensbereiche: »Verpönt ist«, schreibt Max Weber, »die kreaturvergötternde Erotik – gottgewollter Beruf ›eine nüchterne Kindererzeugung‹ (wie die Puritaner es ausdrücken) innerhalb der Ehe.«[34]

Von einer Gefahr zu einer Sucht zu werden, war Arbeit im 16. Jahrhundert noch weit entfernt, musste ihr erst ein Wert verliehen werden, wozu man beinahe zwei Jahrhunderte brauchte. Dass gewisse Menschen, vor allem jene, die kreativ tätig sind, mit Vergnügen arbeiten, das neidete man diesen vor allem in späteren Zeiten, nämlich im fleißigen und sparsamen Kleinbürgertum, das unter protestantischer Vermeidung der Lust und des Glücks seinen einzigen Stolz in Untertänigkeit, Entfremdung sowie in der Anhäufung von Kleineigentum fand. Ihren Höhepunkt erreichte diese Einstellung bei den Nazis, denen eine geradezu kreativitätsfeindliche Mentalität eignete, es sei denn, es ging um Kanonen. In der Renaissance bewunderte man noch die Künstler und Baumeister. Im Kleinbürgertum und in den totalitären Bewegungen wie in den radikalen Religionen des 20. Jahrhunderts hasst man sie, ein Hass auf alles Fremde und Andere, nämlich Zigeuner, Juden, Frauen, Schwule und Künstler.

36. *Ernstes Antlitz, Nagelhemd, brennendes Holzscheit.* Die Arbeit dient heute nicht mehr ohne Weiteres einer asketischen Haltung. Trotzdem geht es bei einem Rückgriff auf die Askese um diese Form der innerweltlichen und nicht der jenseitsorientierten Askese. Schließlich gestaltet die Lebenskünstlerin mit der Askese ihr eigenes Leben und sichert nicht ihren Gnadenstand. Mit dem veränderten Sinn von Arbeit entwickelt auch diese innerweltliche Askese eine andere Perspektive und tritt in den Dienst der Hexen, anstatt traditionell die Menschen zu unterwerfen, allen voran die Frauen.

Trotzdem geht es zunächst um die simplen Mittel, die traditionelle Asketen jedweder Couleur besitzen, um sich vor den Versuchungen zu schützen. Ich strukturiere sie folgendermaßen:

1. Asketen folgen entschlossen ihren Prinzipien, d. h. sie blenden Alternativen gemeinhin aus und achten dabei auch nicht auf negative Folgen ihres Handelns; die Entschlossenheit fördert dabei meistens ihren Erfolg, was allerdings gelegentlich genauso gründlich scheitert, wenn man die falschen Prinzipien für die jeweilige Situation wählt; dergleichen passiert heute nicht nur Calvinisten.

2. Asketen verhalten sich anderen gegenüber eher spröde und abweisend, um eine Nähe zu vermeiden, die anderen erlaubt, ihnen vermeintlich unmoralische Angebote zu unterbreiten; derart benehmen sie sich sogar innerhalb der eigenen Familie; Max Scheler wurde von seiner strengen Mutter in deren jüdisch-orthodoxem Glauben erzogen, während sein Vater evangelisch war. Offenbar herrschte in der alteingesessenen Münchner Familie seiner Mutter eine bedrückende Gefühlskälte verbunden mit engen Regeln, die nicht zu befolgen harte Bestrafung nach sich zog. Ein anderes Mitglied dieser Familie, Max Schelers Verwandte Claire Goll, schilderte in zwei autobiographischen Romanen unter den bezeichnenden Titeln *Der gestohlene Himmel* und *Ich verzeihe keinem* ein unerträgliches Familienklima. Max Scheler selbst litt weniger unter dieser Strenge als seine von ihm sehr geliebte Schwester, die sich im Alter von 16 Jahren zusammen mit ihrem Verlobten das Leben nahm.

3. Asketen unterscheiden strikt zwischen Gefühlen und klarem Verstand. Dabei ist das keineswegs selbstverständlich oder einleuchtend. Existiert ein solcher klarer Verstand überhaupt? Haben Gefühle keinen Verstand? Spielen nicht beide immer zusammen?

4. Asketen unterdrücken ihre Neigungen und Gefühle. Die Fähigkeit dazu fördert schon die Erziehung. Doch es gelingt nur dann nachhaltig, wenn man sich methodisch oder strukturell von den Neigungen ablenkt, beispielsweise durch Arbeit; Gefühle gelten ihnen überhaupt als irrationale Einstellungen, die man strukturell verdrängen sollte, da sie einen asketischen Umgang mit der Welt bedrohen; so kritisiert Max Weber im Revolutionswinter 1918/19 seine Zeitgenossen: »Die alten vielen Götter, entzaubert und daher in Gestalt

unpersönlicher Mächte, entsteigen ihren Gräbern, streben nach Gewalt über unser Leben und beginnen untereinander wieder ihren ewigen Kampf. Das aber, was gerade dem modernen Menschen so schwer wird, und der jungen Generation am schwersten, ist: einem solchen *Alltag* gewachsen zu sein. Alles Jagen nach dem ›Erlebnis‹ stammt aus dieser Schwäche. Denn Schwäche ist es: dem Schicksal der Zeit nicht in sein ernstes Antlitz blicken zu können.«[35]

5. Asketen lassen Gefühle nur mit niedriger Intensität zu, die sie in ihren asketischen Absichten nicht stören, den Restbedarf an Gefühl zumindest soweit decken, dass sich Gefühle weniger störend bemerkbar machen; Schiller kritisiert Kant mit seinem berühmten Gedicht: »Gern hülf ich den Freunden / doch tue ich es leider aus Neigung / und daher reut es mich / dass ich so unmoralisch bin.« Doch dem hält Kant entgegen, dass ein positives Gefühl die moralische Handlung durchaus begleiten darf. Sie kann nur nicht die Triebfeder des Willens sein. Ich helfe also den Freunden, allein weil es sich so gehört. Das darf mir durchaus Spaß machen. Aber aus Spaß darf ich den Freunden nicht helfen. Dann wäre das jedenfalls kein moralischer Akt mehr. Gefühle dürfen also nur beiherspielen, den Menschen aber nicht primär motivieren. Das ist ein bewährtes Prinzip der Askese, die Nachordnung der Gefühle unter ethische Prinzipien.

6. Asketen lassen nur negative, d. h. weltablehnende Gefühle zu, die Welt wie Umwelt gefühlsmäßig entwerten, dazu beitragen, sie abzulehnen und verhindern, dass sie positive Gefühle entwickeln; Blaise Pascal trug lange Zeit in seinem kurzen Leben ein Nagelhemd, um ja kein positives Lebensgefühl aufkommen zu lassen.

7. Asketen verdrängen ihre Bedürfnisse erstens durch Ersatzhandlungen, zweitens durch Entwertung, drittens durch generelle Versagung. Umberto Eco schreibt in seiner Laudatio auf Thomas von Aquin: »War er ein Friedensbringer, war er ein Engel? War er geschlechtslos? Als seine leiblichen Brüder ihn dran hindern wollten, zu den Dominikanern zu gehen (denn damals ging man als jüngster Sohn aus guter Familie zu den Benediktinern, die waren standesgemäß; zu den Bettelbrüdern gehen war ungefähr so, wie wenn man heute ›Mitte der 1970er Jahre‹ in eine Maoistenkommune geht oder nach Sizilien, um mit Danilo Dolci zu arbeiten), fingen sie ihn auf dem Weg nach Paris ab und schlossen ihn auf der Familienburg ein; und um ihn von seinen Grillen abzubringen und zu lehren, ein richtiger Abt zu werden, wie sich's gehörte, schickten sie ihm ein nacktes Mädchen in seine Zelle. Aber Thomas griff sich ein brennendes Holzscheit und verfolgte die Schöne in der klaren Absicht, ihr das Hinterteil zu versengen. Also von Sex wirklich keine Spur? Ich weiß nicht, immerhin brachte die Sache ihn so durcheinander, dass er von da an – und das erzählt ein gewisser Bernardus Guidonis – ›Gespräche mit Frauen tunlichst vermied, als wären sie Schlangen‹.«[36]

8. Dadurch handeln Asketen scheinbar rational; dabei verbergen sie im Grunde ihre Gefühle nur, indem sie als offenbare Motive nur rationale Motive nach außen dringen lassen. Max Weber verlangt vom Politiker: »Man kann sagen, dass drei Qualitäten vornehmlich entscheidend sind für den Politiker: Leidenschaft – Verantwortungsgefühl – Augenmaß. Leidenschaft im Sinn von *Sachlichkeit*: leidenschaftliche Hingabe an eine ›Sache‹, an den Gott oder Dämon, der ihr Gebieter ist.«[37] Die Leidenschaft wird in der Sachlichkeit aufgehoben, hinter der sich höchstens

äußerst hintergründig noch ein religiöser, weltanschaulicher oder ethischer Dämon verstecken mag.

Max Scheler erläutert diese Sachlichkeit dagegen als Liebe zur Sache, indem man versucht der Sache gerecht zu werden, eine Liebe, die sich gegenüber der Sache keinesfalls ethisch neutral verhält. In diesem Sinn bestimmt er die Askese: »Eine weit höhere und edlere Form ist eine Askese, die sowohl aus einer Fülle und Stärke und Einheitlichkeit des Lebens hervorbricht, als wieder in seiner Verherrlichung und höchsten Förderung ihren Sinn und Wert besitzt – nicht aber in einem außerhalb seiner gelegenen Zwecke.« [38]


*37. Die Geliebte und das Gewehr.* Angebote, die die eigenen Begierden wecken, sprechen daher Asketen kaum an. Gefühle fokussieren sie vielmehr auf belanglose Gegenstände, die sie nicht von der Konzentration auf ihre asketischen Ideale abbringen dürfen. Die Liebe zur Ehefrau wird so weit rationalisiert, dass sie einer überlegten Eheschließung nicht im Wege steht und schließlich auf niedrigem emotionalen Niveau bis zum Ende der Ehe aufrechterhalten werden kann. Man betrachtet dann die Ehefrau als ehrenwerte, resolute Gattin, keinesfalls als Geliebte. Allerdings wären manche Nachtschwärmerinnen manchmal wohlberaten, wenn sie Beziehungen erst nach reiflicher Überlegung eingingen und sie dann auf kleiner emotionaler Flamme warm hielten.

Dieses Wort ›Geliebte‹ fand eine interessante Abwertung, indem man damit Nebenbeziehungen charakterisiert. Gleichzeitig wertet man die Liebe ab. Natürlich liebt man die Ehefrau schon lange nicht mehr. Um diesen Zustand zu verteidigen, geniert man sich nicht, die

Liebe zu desavouieren und daran anschließend zugleich den Sex. Derart entlarvt der Gebrauch des Wortes ›Geliebte‹ den wider den Gebrauch der Lüste gerichteten Geist der traditionellen Ehe, bei dem sich die Liebe auf die Agape, die christliche Nächstenliebe, beschränkt und den antiken Eros unterwirft bzw. völlig ausblendet.

Der richtige Asket kauft sich keinen Sex. Er hat keinen Spaß daran. Die Restlust, die ihn treibt, verwandelt er in andere Gefühle, beispielsweise in Arbeitswut, in Mutter- oder Vaterliebe, in Hobbys, Religiosität, Fußballleidenschaft oder Nationalbewusstsein. Freud nannte das Sublimierung, wobei es keine Rolle spielt, ob bestimmte Begierden abgetötet oder abgelenkt werden.

Für letzteres spricht die weit verbreitete Aggressivität, die sich einem Selbstverteidigungsbedürfnis verdanken könnte. In Steven Spielbergs Film *Full Metal Jacket* marschieren während ihrer Ausbildung die Marines in Unterhosen im Schlafsaal herum, in der einen Hand das Gewehr, die andere an den Genitalien, und rufen dabei: ›Ich liebe das Gewehr.‹

Das sollten Lebenskünstlerinnen allemal vermeiden und nicht zum Militär gehen. Jedenfalls solange es dort Drill und Befehlsketten gibt. Und wenn sie zum Kriegsdienst gezwungen würden, dann haben sie jederzeit die Möglichkeit zu desertieren, eine Angelegenheit, die moralisch eine höhere Anerkennung verdiente als jedes Selbstopfer. Jeder darf sich zwar selbst opfern, das aber nicht von anderen verlangen. Zum Selbstopfer muss im Sinne Freuds der Sexualtrieb in den Himmel der Liebe abgelenkt werden. Die von Rousseau besungene Vaterlandsliebe erweist sich somit als nichts anderes als eine Form des Egoismus, wenn man das von allen verlangt und dadurch andere zu Feinden erklärt.

Wer andere auf Distanz hält, erschwert damit Annäherungen nicht nur, er bemerkt sie häufig gar nicht. Der Asket bedürfte dazu eines Sinnes, den er gar nicht pflegt. Man kann ja Nähe allein schon durch Eile, übertriebene Höflichkeit und abweisende Körpersprache ersticken. Doch wenn der Asket Näherungsversuche bemerkt, dann umso besser; dann kann er sie entschlossen ignorieren und somit bewusst ins Leere laufen lassen, ohne sie abwehren zu müssen. So kann man das Angebot einer Dame zu einem gemeinsamen nächtlichen Schwimmen im Starnberger See anlässlich einer Tagung als Angriff auf seine Gesundheit planmäßig missverstehen. Vielleicht wollte er auch nur der Gattin treu sein, was schon deshalb nicht so schwer fällt; denn er liebt im Grunde nur Männer.

Von den asketischen Strategien muss die Nachtschwärmerin lernen, damit die Reue kurz wird. Doch vor den asketischen Verhaltensweisen wird sie sich hüten, damit die Lust überhaupt aufkommt. Sie würde die Freundin Geliebte nennen, Fahnenflucht begehen – wie kann man hinter einer Fahne herlaufen! Höchstens der eigenen nach dem Alkoholgenuss – und das nächtliche Angebot annehmen. In jeder Apotheke gibt es ja gute Grippemittel.


38. »*Ärgert dich deine rechte Hand, so haue sie ab*«. So unterwerfen sich Asketen entweder ethischen Geboten und folgen entschlossen religiösen bzw. ideologischen Forderungen. Oder sie werden von ihren Dämonen und Obsessionen beherrscht, die sie auf ihren Lebenswegen antreiben. Daher bereitet ihnen die moderne Welt mit ihren Ablenkungen sicherlich weniger Kopfzerbrechen.

Die Attentäter vom 11. September 2001 oder jene religiösen Terroristen in den USA, die Abtreibungsärzte bedrohen und ermorden, gehören vermutlich sowohl zur ersten wie zur zweiten Kategorie: Zur Verblendung muss noch die Besessenheit hinzukommen, der Dämon, der dem Mörder versichert, eine höhere Absicht auszuführen, wie es sich beispielsweise der Mörder von John Lennon einbildete, wiewohl ich nicht weiß, ob man ihn überhaupt zu den Asketen zählen kann.

Aber die radikalen Asketen gestalten ihr eigenes Leben kaum, sondern geben es einem höheren Zweck hin. Das mag ungeschickt erscheinen. Doch dergleichen gehört zweifellos zum metaphysischen Erbe der modernen Welt. Viele Menschen wollen ihr Leben nicht selbst gestalten, sondern lassen es sich lieber vorschreiben, ahmen nach, was andere vorleben, drehen gar nicht daran, nicht mal ein klein wenig. Denn sie wüssten gar nicht, was sie tun sollten, wenn man ihnen das nicht sagte. Umso mehr beneiden sie jene um deren Lebensform, die ihr Leben selbst in die Hand nehmen. Für sie ist letztlich Gott auch der einzig akzeptable Führer, dessen Geheimnis nicht gelüftet werden kann und darf, während es der universellen Vernunft an letzten Argumenten nun mal mangelt. Deswegen können Vertreter des politischen Katholizismus davon sprechen, der Staat sei überfordert und es brauche wieder die Kirche. Nietzsche spricht hier von den letzten Menschen, deren Art jedoch eine zähe Überlebensdauer besitzt.

Nichtsdestotrotz setzen sie sich seit dem letzten Jahrhundert nicht mehr flächendeckend durch, vielleicht ein Prozess der Evolution. Die Menschen sind nicht mehr dieselben wie vor zweihundert Jahren, d. h. sie verstehen sich anders als vor dreihundert Jahren, nämlich als Abart des Affen, als wandelbar, beeinflussbar und als Konstrukt. Daher verbindet sie kaum noch etwas mit den Zeiten des Moses, des Sokrates oder des Christus. Denn deren ethische Orientierungen haben heute nicht mehr viel zu sagen. Man denke nur an folgende Gebote: »Ich bin der Herr, dein Gott. Du sollst keine anderen Götter neben mir haben.« (2. Mose 20.2.) Das braucht man gar nicht zu kommentieren. Sokrates entscheidet sich, lieber Unrecht zu leiden – das ungerechte Todesurteil an sich vollstrecken zu lassen –, als Unrecht zu tun gegen die Gesetze der Stadt zu verstoßen und aus dem Kerker zu fliehen. Solche Staatsverehrung erscheint heute vielen als Dummheit. Oder Jesus von Nazareth in der Bergpredigt: »Ärgert dich deine rechte Hand, so haue sie ab und wirf sie von dir. Es ist dir besser, dass eins deiner Glieder verderbe, und nicht der ganze Leib in die Hölle geworfen werde.« (Matth. 5.29) Auch das braucht man nicht mehr zu kommentieren, was die Ferne noch deutlicher hervorhebt. Wertezerfall, Wertewandel, Neuentstehung von ethischen Werten haben sich seit ca. drei Jahrhunderten beschleunigt. Diverse ethische Systeme existieren jedenfalls heute nebeneinander.

39. *Es gibt ein richtiges Leben.* Die Nachtschwärmerin, die ihr Leben selbst gestalten will, die sich aber nicht durch die eigenen Wünsche und Triebe an gesellschaftlichen Konventionen anschließen lassen will, wird somit verhindern, zur Sklavin ihrer Lüste zu werden, d. h. sie kontrolliert ihre Bedürfnisse und wird sie manchmal wie der Asket auch verwerfen. Doch sie unterdrückt andere Bedürfnisse als jener Asket, der der calvinistischen Ethik folgt. Sie verdrängt den Kinderwunsch, wenn er auftritt.

Sie beherrscht die Eifersucht, die zur Monogamie neigt. Sie frönt stattdessen den Lüsten just so, dass diese nicht in Schwangerschaften enden – das, was längst die Mehrheit der Menschen heute treibt und was selbst die Menschen des Mittelalters nicht unterließen. Nur dass viele unter ihren metaphysischen Bedürfnissen leiden, von der lebenswährenden monogamen Beziehung träumen.

Die Hexe benutzt die Askese somit wie die Asketen, nur dass sie diese Askese in ihren eigenen Dienst stellt. Für den Asketen realisiert die Askese als solche die richtige Lebensform, die einem höheren Zweck dient, sich auf jenseitige Aussichten kapriziert, da das Diesseits vielen asketischen Lehren als entwertet oder sündhaft gilt. Wenn der Mensch asketisch lebt, im Grunde sein Leben in den Dienst der Askese stellt, dann dient er einem höheren Zweck, nicht sich selbst, jedenfalls nicht seinen Vergnügungen und Lüsten um ihrer selbst willen. Die Askese dient dem Asketen nur insoweit, wie sie ihn auf diesen höheren Zweck ausrichtet und ihm dadurch einen entsprechenden Gnadenstand sichert. Seinem diesseitigen Leben dient sie nicht, sondern unterdrückt es so weit wie möglich.

Die Anarchin betreibt dagegen Askese nicht um der Askese willen. Sie ordnet ihr Leben nicht der Askese unter. Für diese höllische Asketin der Nacht hat die Askese vielmehr einen Zweck außer derselben: nämlich zur Lebenskunst zu befähigen, um ihr Leben selbst zu bestimmen und zu gestalten, nicht von anderen bestimmen und gestalten zu lassen, nicht in traditionelle Lebenswege einzukehren.

Hierbei hat die Askese nicht den Sinn, der ordentlichen bürgerlichen Existenz den Weg zu bereiten unter der Devise: momentaner Verzicht zugunsten späteren höheren Genusses. Viele Nachtschwärmerinnen stehen diesem Prinzip eher skeptisch gegenüber. Es soll aus den Menschen primär ordentliche und brave Bürger machen, die ihren jeweiligen Gemeinschaften dienen. Die meisten Lebenskünstlerinnen interessieren sich indes weder für ein ordentliches noch ein dienendes Leben, sondern für ein Leben nach dem eigenen Geschmack, das sich an der Lust orientiert.

Ergo: Askese im Dienst des Hedonismus – das ist die Umkehrung religiöser Heilsmethodik und traditioneller bürgerlicher Lebensformen! Die Lebenskünstlerin fürchtet sich nicht mehr davor, dass nach Sigmund Freud Entsagung und Sublimierung zu Neurosen oder Depressionen führen. Damit lernt sie entweder umzugehen, oder es handelt sich sowieso nur um fragwürdige Hypothesen. Dann bedient sich die Hexe problemlos solcher asketischer Methoden, ohne von ihrem Weg zwangsweise abzukommen. Das geht zwar gelegentlich schief und endet in der Gosse oder in Askese um der Askese willen. Dabei wäre letzteres natürlich das Schlimmste, mal abgesehen davon, dass sich die Askese wahrscheinlich etwas gemütlicher gestalten lässt als die Gosse. Auch Teufelinnen geraten auf Abwege.

Jedenfalls interessiert sie Adornos berühmte Unterscheidung, es gebe kein richtiges Leben im falschen, überhaupt nicht. Wenn man nicht weiß, was das richtige Leben sein soll, dann lässt sich auch nicht von einem falschen sprechen. Vor allem hat es keinen Sinn, sich um ein richtiges Leben zu bemühen. Entscheidend bleibt, dass sie sich selbst zum Maßstab ihrer Urteile macht und keine höhere Institution. Ob sie sich dann der Philosophie, der Esoterik oder der Technik zuwendet, bleibt eine inhaltliche Frage. Die Lebenskunst ist ein Stil, kein Inhalt.

Du scheinst nur furchtbar – / Köstlicher Balsam / Träuft aus deiner Hand / Aus dem Bündel Mohn / In süßer Trunkenheit / Entfaltest du die schweren Flügel des Gemüths. / Und schenkst uns Freuden / Dunkel und Unaussprechlich / Heimlich, wie du selbst bist / Freuden, die uns / Einen Himmel ahnden lassen. /

*(Novalis, Hymnen an die Nacht)*

# VI. Wie verhindert sie Abwege von den eigenen Lebensvorstellungen?

*40. Die lieben Emotionalen und Sensiblen.* Jedenfalls eröffnen sich in der Moderne größere Chancen als früher für jene, die ihr Leben nach eigenen Vorstellungen führen wollen und die sich nicht auf fleißige Untertanen reduzieren lassen. Sie arbeiten nicht für Gemeinschaftsprojekte, z. B. die Republik, das Unternehmen oder die Familie, sondern um ihrer selbst willen.

Doch diese Selbstgestaltung avanciert zum echten Problem vor allem für Hedonistinnen, die sich dabei nicht nur vielen Versuchungen ausgesetzt sehen, denen sie sich gar nicht prinzipiell entziehen, die sich diesen Versuchungen eigentlich hingeben, die sich gerne in Versuchung führen lassen und die diese Versuchungen so häufig wie möglich zu genießen versuchen. Das ist eine äußerst gefährliche Angelegenheit, die auch bisher meistens zum Scheitern verurteilt war. Irgendwann wird die Hexe vernünftig und kehrt in die Traditionen zurück, wird Frühaufsteherin. Nach Georg Simmel lehnt sich das Individuum letztlich vergebens gegen den Kulturprozess auf. Diese Lage dürfte sich jedoch seit etwa 1900 in bestimmten Gegenden und bestimmten sozialen Gruppen etwas verbessert haben.

Noch schwerer fällt die Selbstgestaltung des eigenen Lebens jenen, die – ohne besondere nachtschwärmerische Neigungen zu entwickeln, ohne Hang zum Balsam des Mohnes – die in den letzten Jahrzehnten populär gewordenen neuen Werte der Moderne schätzen, z. B.

Spontaneität, Emotionalität, Sensibilität und Erotik, die ein Stück weit die traditionellen Werte wie Gehorsam, Pflichtbewusstsein, Fleiß und Treue verdrängten. Ernsthafte, aber gefühlsbetonte Menschen mit sozialen, moralischen und religiösen Neigungen betrachten die Sexualität nicht mehr als Sünde, sondern als eine lustvoll faszinierende Dimension ihrer selbst. Zumeist präsentieren sich solche Menschen äußerlich eher zurückhaltend und legen auf Schönheit kaum Wert, jedenfalls nicht auf solche, die sich dem Styling verdankt. Stattdessen schätzen sie die Innerlichkeit, gute Gespräche und Zärtlichkeit. Just dadurch geraten sie schnell in den Hafen der Ehe, wenn sie vielleicht aus religiösen Gründen oder aus Wärme und Liebe nicht ordentlich verhüten oder nicht bereit sind abzutreiben.

Deshalb erreicht diese Werteverschiebung durchaus traditionell eingestellte Menschen, die durch die neuen Werte noch schneller in einer Ehe landen. Zu früheren Zeiten hätten sie die Versuchung solch neuer Werte aus traditionellen Erwägungen heraus generell vermieden. Lebenskunst erscheint für sie allemal angesagt.

41. *Für Egoisten kein Platz oder Tempo 250 km/h.* In Deutschland wurde Ende 2010 eine 25-jährige wegen Mordes an ihrem Baby verurteilt mit der Feststellung der besonderen Schwere der Schuld, und zwar weil sie erklärtermaßen ihr Kind gehasst hätte. Es habe sie körperlich verunstaltet und ihr die Lebenschancen geraubt. Damit hat sie vermutlich sogar recht, wahrscheinlich sind solche Argumente ziemlich verbreitet und werden nur üblicherweise verheimlicht. Den Himmel finden sie nicht in der Familie, eher in der Nacht, der sie sich nicht mehr

richtig hingeben können, wenn sie unter dem Diktat eines Babys stehen.

Schwangerschaften bedeuten nun mal hohe Belastungen, die sich mit schweren Krankheiten vergleichen lassen. Daher darf man niemanden dazu zwingen, dergleichen zu bejahen oder gar zu erdulden. Das zentrale Argument für die Legalität der Abtreibung: Würde und körperliche Unversehrtheit stellen ein Grundrecht für schwangere Frauen dar.

Da mag ein Theologe im Deutschlandfunk am 22.12.2010 lange erklären, die Menschen würden wieder altruistischer und für Egoisten sei kein Platz. Als wenn ihm oder den Altruisten und Gläubigen der Platz, sprich die Welt gehörte! Wohin möchte er Egoisten wohl schicken? Aus der Perspektive der Altruisten verhalten sich Egoisten asozial, wenn nicht gar kriminell: entweder Empfängnis- oder Gebärverweigerung. Und was den männlichen Teil der Bevölkerung betrifft: entweder Don Juan oder Rousseau, der seine Kinder im Findelhaus abgab.

Aber sonst wäre er bei der Abfassung seiner Erziehungslehre sicher gestört worden. Von seinen Beiträgen zum Genpool merken wir kaum etwas, von seinen Lehren schon. Auch der Gottessohn hat sich der Vaterschaft verweigert. Wenn er das darf, dann darf das die Nachtschwärmerin auch.

Dabei könnte das eine gelungene Symbiose ergeben. Die Egoisten erfreuen sich durchaus gelegentlich an den Altruisten. Schließlich bringt ihnen das den einen oder anderen Vorteil. Von den Altruisten kann man beides nicht sagen. Aber das müsste doch in deren Sinne sein. Sie wollen doch keinen Vorteil an anderen haben. Sie müssten den Egoisten dankbar sein.

Sich den Versuchungen zu entziehen, fällt natürlich den hedonistischen Hexen am schwersten, für die es im Grunde gar keine Versuchungen gibt, die mit jenem entsprechenden Satz aus dem Vaterunser-Gedicht – allein schon die Berufung auf den Vater düpiert – gar nichts mehr anzufangen wissen. Denn sie sind soweit intrinsisch moralisiert, dass sie sich in entsprechenden Konfliktsituationen automatisch moralisch verhalten.

Allerdings besitzen viele Versuchungen im angenehmen Sinn – beispielsweise der Gebrauch der Lüste, Tempo 250 km/h, das eigene Vermögen, das, was man vermag, was einem wirklich selbst gehört, das Eigentum im Sinne Max Stirners – für sie keine moralische Qualität, weil es dabei um das Ureigene geht – nicht mal um Rechte – und man seine Existenz nicht durch Dienst an einem Gott oder einer Gemeinschaft legitimiert.

Zudem wird die Nachtschwärmerin notorisch mogeln – im Rausch des süßen Mohnsaftes. Der Hexerich könnte es ihr nicht verübeln, aber natürlich der Traditionalist. Doch die Tradition mogelt genauso und auch noch äußerst hinterhältig – man erinnere sich an das erste Zitat von Simone de Beauvoir. Zwischen Tradition und Lebenskunst herrscht denn auch gemeinhin ein heftiger Disput, den nur wenige zu überbrücken in der Lage sind.

Die eigene Existenz legitimiert sich für die Teufelin durch sich selbst, nicht wie für Traditionalisten gegenüber anderen Menschen, Löwen, Amöben oder Kastanienbäumen. Für Hexen gibt es keine Schuld und keine Sünden, die immer einen religiösen Sinn besitzen. Nicht weil sie religiös unmusikalisch wären, sondern weil die Religionen für Anarchinnen keine Macht darüber haben, Schuld und Sünden zu verteilen. Den religiösen

Spiritualismus schätzen sie durchaus. Doch Lebenskünstlerinnen kennen nur Verantwortung, wiewohl sie diese je nach Grundeinstellung auch gegenüber einer höheren Macht übernehmen würden. Primär aber tragen sie Verantwortung für und vor sich selbst.

42. *Die homoerotischen Engel in Barockkirchen.* Für die Lebenskünstlerin ist die Lust gut, besonders die sexuelle Lust, die ihren Zweck in sich selbst erhält. Für Aristipp von Kyrene bleibt nur die Lust als Orientierung am Selbst. Lust schätzt er dabei keinesfalls bloß hoch sublimiert wie Epikur, dem es ähnlich der Stoa doch in erster Linie um die ruhige Seele geht, eine Ruhe, die die Lust nicht völlig ausschließt, sondern in Dienst nimmt. Im Sinne von Aristipp dagegen beurteilt sich die Zeitgenossin gemäß der momentanen, blitzlichtartigen Herausforderungen der Lust, die aus ihrem dunklen Innern ans Bewusstsein drängen, wie man das heute nach Schopenhauer und Freud formulieren würde: Der Wille besteht nicht aus einer klaren Entscheidungskraft und Entschlossenheit. Der Mut des Helden verdankt sich vielmehr abgelenkten, d. h. sublimierten, oder dunklen und tierischen Sexualtriebstrebungen, die Achill in Rage versetzen oder den christlichen Märtyrer in die blinde Gewissheit seines Glaubens. Der Wille ist nach Schopenhauer das unerkennbare, unerfassbare innere Ding an sich, das Kant noch für den Kern der Vernunft hielt. Wenn das dunkle unbeherrschbare Begehren anstelle der Vernunft zur entscheidenden Triebfeder des Menschen avanciert, dann muss das einem aufgeklärten Denker tragisch erscheinen.

Aristipp dagegen war nicht so pessimistisch. Er vertraute dem Körper noch mehr als dem Geist; denn körperliche Lust schätzte er mehr als geistige. Das trennt ihn denn auch von der Mehrheit der Zeitgenossen, die geistige der körperlichen Lust vorziehen. Körperliche Lust fasziniert vor allem in der Werbung und im Kino, spricht somit die niederen Gelüste an, wie Liebhaber klassischer Musik, Professoren und Priester diese titulieren würden. Trotzdem erzeugt diese niedere Lust – nennen wir sie ruhig so, man weiß heute doch sowieso nicht mehr, wo oben oder unten sein soll – eine Spannung, von der jene höhere Lust nur träumen kann. Diese Spannung bricht sich selbst in den abgehobensten Liebeserklärungen Bahn, wenn sich in Adalbert Stifters *Der Nachsommer* Nathalie und Heinrich ihre ewige Liebe und Treue erklären – natürlich am helllichten Tag im Garten, nicht nachts im dunklen Hauseingang. Ohne diese Spannung, ohne die Erotik, den antiken Eros, wäre die christliche Agape, die Nächstenliebe, ein reines Helfersyndrom. Letztere verdankt ihre Karriere allein dem Eros, der die christlichen Madonnendarstellungen – längst nicht nur bei Tizian – durchflutet oder die Engel und Engelchen in Barockkirchen homoerotisch geformt hat, was natürlich nur die Homoerotiker bemerken. Wem bei der Nächstenliebe die Erotik fehlt, der bleibt eine blasse Gestalt.


43. *Teufel im Leib.* Wohl kannte Aristipp auch schon die mit geistiger Lust verbundenen Gefahren der völligen Abkehr von der Welt und der radikalen Askese, was immer in eine Unterdrückung des Körperlichen, zumindest zu einem Verzicht auf Lust führt. Und ethisch verwerflich – so Michel Foucault – war für die antiken Grie-

chen jener Zeit gerade, die Lüste nicht zu gebrauchen, auf die Lüste zu verzichten. Man durfte sich also an ihrer statt nicht bloß mit geistigen Lüsten beschäftigen. Womöglich hat Sokrates die Philosophie nur betrieben, um jugendliche Liebhaber wie Alkibiades und Agathon zu beeindrucken. Damit läge der Grund der Philosophie in der Knabenliebe, also der Päderastie. Mit was hätte er denn sonst faszinieren können? Er war schließlich alt, hässlich und auch noch arm.

Andererseits verwundert das Primat der körperlichen gegenüber der geistigen Lust insoweit, als der Mensch für Aristipp keinesfalls zum Sklaven seiner Lüste werden darf. Vielmehr fordert auch er schon Askese, um die Lüste zu beherrschen. Denn man kann sich seiner Lüste nur bedienen, wenn man sie kontrolliert. Für Aristipp braucht man daher Bildung und als Folge entwickelt sich daraus die Humanität: »Lieber ein Bettler als ungebildet sein: dem Bettler fehlt es nur an Geld, dem Ungebildeten aber an Humanität.«[39]

Die Bildung soll die Lust leiten. Ob das nachhaltig gelingt, darf man mit Schopenhauer und Sigmund Freud in Frage stellen. Aber warum sollte es völlig scheitern? Die Herrschaft der Vernunft über den Willen erscheint in der Tat eine Illusion. Im Sinne der Aufklärung von Voltaire und Rousseau, nicht von Diderot und Holbach, wäre eine nur partielle Einflussnahme sicherlich eine Kapitulation. Wenn indes nicht mehr zu erreichen ist, dann muss man sich mit dem Wenigen zufrieden geben und anstatt sich an seiner Vernunft zu laben, sich an den Spannungen erfreuen, die die niederen Lüste erzeugen, besonders wenn sich die Vernunft an ihnen reibt. Wenn die Herrschaft der Vernunft nicht zur ewigen Liebe und Treue führt, dann soll sie doch wenigstens ungewollte Kinder verhindern, sei es a priori oder a posteriori.

Als Leser oder Zuschauer sehen wir immer die Gefahren, in die sich unsere Heldinnen begeben, wenn sie sich auf gefährliche Liebschaften einlassen. Und intuitiv wünscht man ihr immer ein ruhiges Leben mit Hund, Kind und Mann im Reihenhaus. Spannend aber wird es nur, weil ihre Vernunft dazu gerade nicht in der Lage ist, weil sie sie nicht davor bewahren kann, wirklich gefährliche Liebschaften einzugehen, weil sie den Teufel im Leib hat, um sich dann schließlich doch im Reihenhaus zu zanken.

44. *Wider den Methodenzwang in der Liebe.* Übernimmt die Lebenskünstlerin daher die von Weber so benannte methodische Lebensführung, um ihr Leben zu gestalten? Methodisch verhält man sich in unterschiedlichen Lagen strukturell gleich, lässt sich grundsätzlich nicht verführen, verhält sich grundsätzlich nicht untreu, vermeidet jeden Genuss, lehnt prinzipiell Bequemlichkeiten ab, zieht immer das Schwere dem Leichten vor, etc. Offensichtlich kommt für die Lebenskünstlerin keine methodische Lebensführung in Frage. Denn den Lüsten muss man von Fall zu Fall nachgeben oder sich ihnen von Fall zu Fall verweigern, was von der jeweiligen Situation abhängt. Besonders konsequent kann sich die Nachtschwärmerin daher gar nicht verhalten. Vielmehr muss sie flexibel ständig umplanen, anders reagieren, einerseits, um sich in Versuchung führen zu lassen, und andererseits, um sich nicht auf Abwege bringen zu lassen. Wie schreibt der Kritiker der Wissenschaftstheorie Paul Feyerabend: »Theorienvielfalt ist für die Wissen-

schaft fruchtbar, Einförmigkeit dagegen lähmt ihre kritische Kraft. Die Einförmigkeit gefährdet auch die freie Entwicklung des Individuums.«[40]

So kann die Hexe eigentlich gar nicht genug an Versuchungen bekommen, die sie nicht strukturell meiden darf. Im Gegenteil muss sie die Versuchungen suchen. Sie testet möglichst viele und wagt möglichst viel. Doch nach dem Gebrauch der Lüste zieht sie sich vom anderen Menschen gelegentlich schnell zurück, bevor dieser Zeitgenosse seinen Lebensplan der Lebenskünstlerin aufzwingt und aus ihr eine Traditionalistin macht.

Von vornherein gilt es denn im Angesicht der Versuchung oder nach erfolgter Hingabe an dieselbe zu prüfen, ob der Lebensplan unserer Lebenskünstlerin auf dem Spiel steht oder nicht. Wenn jemand sie in den Hafen der Ehe verführen möchte – und um nichts anderes dreht es sich zumeist immer noch in der Literatur und dem Film; wiewohl manchmal nur ironisch; wie sagt doch in Woody Allens Film *Ehemänner Ehefrauen* der Ex-Ehemann über seine Ex-Ehefrau: ›I told you, passive aggressive, she gets, what she wants‹ –, dann muss sie bei gegenläufigen eigenen Entwürfen dem Heiratswilligen einen Korb geben, sollte er ihr auch noch so gut gefallen und vor allem, wenn er passiv aggressiv ist. Es gibt eigentlich nur zwei Gründe, zu heiraten: kurz vor dem Tod, um Erbschaftssteuer zu sparen, oder um dem Partner eine Aufenthaltsgenehmigung zu verschaffen.


45. *Casanova ohne Halt.* Entsteht daraus eine Lebensform, die dem Leben Casanovas ähnelt, braucht sich die Nachtschwärmerin wirklich nicht allzu sehr zu grämen, dass sie niemals heiratete. Die Zeiten sind schlicht vorbei, wo

noch eine Mehrheit von Frauen wie Rosa Luxemburg nur einen Mann in ihrem Leben kannte. So verhalten sich heute höchstens einige Fromme oder welche, die ihre Lüste weitgehend für sich alleine ausleben und somit mit sich selbst nicht nur derselbe bleiben, sondern sich von diesem gemeinhin erst durch den Tod trennen.

Die asketische protestantische Ethik ebnet dagegen den modernen Großgesellschaften den Weg, in denen lange Zeit das militärische Ordnungsmodell vorherrschte, nach dem die einzelnen verlässlich und berechenbar agieren. Für Menschen, die ihr Leben traditionell gestalten, stellt die methodische Lebensführung eine Möglichkeit dar, sich an gewissen Strukturen zu orientieren. Sie sind ja zur Selbstgestaltung heute in der westlichen Welt zumeist auch gezwungen, denn die traditionell orthodoxe Familienordnung erweist sich als stark gefährdet, man kann sich in diese nicht mehr einfach erfolgreich einüben.

Trotzdem liefert eine methodische Lebensführung für die meisten Menschen keinen festen Halt mehr, an dem sie sich ausrichten und ihr Leben dadurch formen. Denn man kann sich nicht mehr darauf verlassen, dass diese Methodik die Menschen immer an die jeweilige Situation richtig anpasst. Immer häufiger werden situative Abweichungen nötig. »Eine einheitliche Meinung«, so Feyerabend, »mag das Richtige sein für eine Kirche, für die eingeschüchterten oder gierigen Opfer eines (alten oder neuen) Mythos oder für die schwachen und willfährigen Untertanen eines Tyrannen. Für die objektive Erkenntnis brauchen wir viele verschiedene Ideen. Und eine Methode, die die Vielfalt fördert, ist auch als einzige mit einer humanistischen Auffassung vereinbar.«[41] Mit vielen unterschiedlichen Methoden gestaltet die Hexe ihr Leben. Wenn sie dabei Casanova ähnelt, gelingt es ihr zumindest ansatzweise, dem Gemeinspruch zu widerstreiten – eine Angelegenheit, die nachts entschieden wird oder im Morgengrauen.

46. *Natur ohne Eros.* Allen, die keine Asketen sind, bleibt auf der Suche nach dem eigenen Leben jedenfalls gar nichts anderes übrig, als von den Asketen zu lernen. Eine ähnliche Konzeption beschreibt Michel Foucault in seinen beiden späten Werken *Der Gebrauch der Lüste* und *Die Sorge um sich.* Dabei orientiert man sich an diesen asketischen Regeln von Fall zu Fall aber nicht methodisch, weil man diese Regeln gar an sich für gut hielte, weil sie beispielsweise der natürlichen Ordnung entspringen und diese stützen: Vielleicht verbraucht der Asket weniger Energie und rettet dadurch das Klima. Selbst wenn das so wäre, selbst wenn man das Klima retten könnte oder es überhaupt zu retten wäre, bloß um des Klimas willen würden dazu die meisten Nachtschwärmerinnen schwerlich etwas beitragen. Es müsste um ihrer selbst willen geschehen. Ein dem Klima oder der Natur dienendes Leben, das sich kaum von einem politisch oder religiös dienenden Leben unterscheidet, erscheint im Lichte der Lebenskunst schwerlich der Mühe wert.

Obendrein geht es den vielen – bestimmt nicht allen – Lebenskünstlerinnen nicht um das natürliche Leben, von dem man doch nicht weiß, was das sein soll, sondern um das lustorientierte, leidenschaftliche Leben, das sich auf die Kultur stützt. Natur ihrerseits besitzt dabei höchstens einen dienenden Charakter, keinesfalls stellt sie einen hegemonialen Anspruch im Sinne des Überlebens der Menschheit dar. Nicht nur, dass man fragen darf, was die Askese überhaupt mit Natur zu tun hat – nun gut, die göttliche Ordnung! Sie wird nicht mehr selbstredend anerkannt.

Außerdem bleibt dunkel, ob sich die erotische Spannung aus den Lüsten und dem Begehren heraus der Natur oder eher der Kultur verdankt. Die Theorien von Lacan und Foucault schreiben diese Spannung wohl eher der Kultur zu. Sex hätte dann mit Natur gar nichts zu tun, sondern wäre in jeder Hinsicht kulturabhängig, was sich somit auch noch von Epoche zu Epoche unterscheidet. Die Nazis propagierten die Heterosexualität und damit einen anderen Gebrauch der Lüste als die zwanziger, die fünfziger oder die siebziger Jahre. Der Natur verdankt sich das nicht. Schließlich hat auch das Volk, wie es die Nazis verstehen, nichts mit Natur zu tun, eher schon damit, wie sich die Nazis benommen haben, als kleine Beamte, Terroristen und Kannibalen. Aber damit tut man der Natur sicherlich unrecht.

Allerdings ist Lebenskunst per se nicht hedonistisch und widerstreitet auch nicht automatisch dem Gemeinspruch. Das betrifft nur eine spezifische Variante der hedonistischen Lebenskunst. Lebenskunst geht es um die selbstverantwortliche Gestaltung des eigenen Lebens. Die hedonistische Lebenskunst der Nachtschwärmerin orientiert diese Gestaltungsbemühung primär an dieser selbst, wie sie sich nachts herumtreibt.


47. *Ein Spiel der Lüste ohne feste Regeln.* Jedenfalls wendet die Hexe die asketischen Regeln höchstens an, weil sie ihr nützen. Die Regel soll der Einzelnen dienen, die Anarchin dient nicht umgekehrt der Regel, weil sie sie beispielsweise für ein göttliches Gebot hält. Sie ordnet sich

keinem Code unter, den sie sich von welchen Autoritäten auch immer vorschreiben ließe, den sie um des Codes willen befolgt. Denn erstens gibt es für Hexen grundsätzlich keine höheren Autoritäten, die ihnen die Verantwortung für ihr Leben abnehmen könnten. Zweitens stellen sie jede einzelne Regel ständig in Frage.

Die Lebenskünstlerin vermeidet One-Night-Stands nicht prinzipiell, weil Sex als Sünde oder außerehelich als unsittlich erscheint, weil viele Sexualpartnerinnen ein Risiko darstellen oder weil sie dergleichen für nuttig hielte. Sie vermeidet dergleichen nur gelegentlich, weil ein One-Night-Stand manchmal nicht nur in Besenkammern unliebsame Folgen hat. Das muss nicht gleich ein dicker Bauch sein, den sie ja verhindern kann, sondern kann auch ein familienfreundlicher oder auf andere Weise unerfreulicher Liebhaber bedeuten, den man nicht so schnell wieder los wird.

So wendet die Lebenskünstlerin diese Regeln punktuell und vor allem aus eigenem Interesse, also freiwillig an. Sie beschränkt sich selbst im Dienst der eigenen Vorstellungen oder der persönlichen Verabredungen mit ihren Freundinnen, nicht, weil sich irgendetwas so gehören würde, weil es den guten Sitten entspricht, weil es normal oder natürlich wäre. Sie hat kein Problem gegen die Sitten, die Normalität oder die Natur zu verstoßen, die alle für sie keine Autoritäten darstellen, höchstens naturalistische Fehlschlüsse ergeben.

Daher überlegt sie sich von Fall zu Fall, welche Regel in einer bestimmten Situation vor Verlockungen schützt, folgt keinesfalls methodisch einer Regel, vermeidet die Verlockungen nicht systematisch. Während die Prinzipienfestigkeit des Asketen Verlockungen immer als Gefahren abstempelt, muss die Lebenskünstlerin diese

Verlockungen zunächst abschätzen und sich über ihre Gefährlichkeit für die eigenen Lebenspläne Gedanken machen. Das liegt nicht wie beim Asketen auf der Hand. Stattdessen muss sich die Barbarin die möglichen Auswirkungen der Verlockung auf die eigenen Lebenspläne oder die eigene Lebensform vorstellen, und braucht dazu ein gewisses Maß an Fantasie. Vernunft alleine reicht nicht, da es dabei nicht um ein Schachspiel geht, in dem die möglichen Züge strukturell vorgegeben sind. Im Spiel der Lüste, der Versuchungen und der Verlockungen gibt es keine festen Regeln. Beinahe alles ist erlaubt. Doch das zu Tuende, die Tugend, das eruieren die Hexen in der jeweiligen Situation. Trotzdem wird hier ein Spiel gespielt, das sich im Sinne Wittgensteins mit der Sprache vergleichen lässt und allemal Kommunikation beinhaltet. *Sex and Drugs and Rock'n'Roll* sind ja wirklich nicht per se böse, höchstens unter bestimmten Umständen unzuträglich, also vielleicht am Abend vor der Examensklausur, nicht aber schon Nächte vorher.

Vielleicht sollte man in den letzten Nächten vor dem Antritt einer lange vorbereiteten und auf viele Monate oder gar Jahre angelegten Weltreise nicht jene Orte besuchen, an denen man attraktiven Zeitgenossen begegnen könnte. Es soll schon Fälle gegeben haben, dass man just in diesem Augenblick dem anscheinenden Traumpartner begegnet, die Reise daraufhin in letzter Sekunde abbläst, dafür aber das vermeintliche Glück gleich durch Hochzeit auf Dauer zu stellen versucht, was bekanntlich nicht mit rosigen, sondern mit rosenkriegartigen Aussichten rechnen lässt.

Tiefe Wehmut / Weht in den Seiten der Brust / Fernen der
Erinnerung / Wünsche der Jugend / Der Kindheit
Träume / Des ganzen, langen Lebens / Kurze Freuden /
Und vergebliche Hoffnungen / Kommen in grauen Kleidern /
Wie Abendnebel / Nach der Sonne, Untergang.

*(Novalis, Hymnen an die Nacht)*

*48. Ohne Glück in der Liebe.* Solche punktuelle Askese stößt natürlich auf diverse innere Schwächen, die es zu meistern gilt, will man nicht sein Leben lang diesen Schwächen Opfer bringen müssen und den Wünschen der Jugend nachtrauern. Einerseits neigen viele dazu, daraus eine methodische Lebensführung zu machen. Wenn sie glauben, mit bestimmten Lebensregeln gut zu fahren, dann halten sie sich häufig sklavisch daran fest und folgen damit einem Code, anstatt von Fall zu Fall zu entscheiden, welche Regel geschickterweise und im Dienst der eigenen Interessen anzuwenden wäre. Am Ende haben sie ihren Hedonismus zugunsten eines asketischen Codes aufgegeben und unterwerfen sich den christlichen Regeln, ohne es zu merken. Andererseits fehlt es manchen an hinlänglicher Fantasie bzw. Einbildungskraft, um die diversen Gefahren und Herausforderungen rechtzeitig zu erkennen, um zu verhindern, sich plötzlich in festen Lebensumständen wiederzufinden, in denen die Rentenversicherung die Verantwortung übernommen hat und sich um das Vermögen der verflossenen Nachtschwärmerin kümmert, als gehörte es der Versicherungskammer. Natürlich wird sie dann auch ständig zur Vorsorgeuntersuchung geschickt.

Beispielsweise gerät zum Dilemma vieler Beziehungen, dass sie nur deswegen eingegangen werden, weil man gerade keine hat, ja, weil man vielleicht überhaupt nur selten eine Partnerin für den Gebrauch der Lüste oder für eine längere Beziehung findet. Je erfolgloser man ist, umso leichter neigt man dazu, sich auf jedwede Beziehung einzulassen und womöglich an ihr festzuhalten, ohne dass man seiner Fantasie mal freien Lauf ließe, um sich die ganzen Gefahren vorzustellen: die Windeln, das Krebsleiden und das gemeinsame Grab.

Weil das Begehren oder die Einsamkeit treibt, oder weil man die Single-Existenz sozial für peinlich hält, lässt man sich aus einer gewissen Not auf eine Beziehung ein, die man unter anderen Umständen nie eingegangen wäre. Womöglich passiert dann eine Schwangerschaft, man heiratet, wozu ebenfalls häufig jene allzu schnell neigen, die kein großes Glück in der Liebe haben – in der Illusion, das stabilisiere die Beziehung und sichere zukünftiges Glück, das ständig zu entschwinden droht. In solchen Situationen fühlt man sich zwar schnell immer wieder genervt. Nur dieses Unglück aufgeben, sich auf eine neue Suche begeben – verbunden mit dem Risiko der Einsamkeit –, das will man auch nicht.

Gefährlich ist die Welt indes nicht nur für jene ohne Glück in der Liebe. Trotz des Wandels der westlichen Welt in den letzten Jahrzehnten bilden Sitte, Tradition und Religion weiterhin gefährliche Hürden für jene, die sich auf der Suche nach Partnern für den Gebrauch der Lüste befinden. Wenn man die Geschlechter soweit voneinander trennt, dass sie sich praktisch nicht zielführend zu begegnen vermögen, dann heiraten sie Leute, die sie womöglich nicht kennen, die nur ihre Verwandten für sie ausgesucht haben. Der Sinn jedweder Hürden – auch unter liberalen Bedingungen beispielsweise die Schönheit – liegt im Interesse der jeweiligen Gemeinschaft, die Individuen dazu zu bewegen, sich auf die traditionelle

Lebensform einzulassen, vor allem um Kinder zu bekommen. Das würden viele, wenn sie könnten, vermeiden, wie die niedrigen Geburtenzahlen belegen.

49. *Schönheit oder Kinder.* Unglück, Not und Drang schrecken zudem nicht nur ab und machen unattraktiv. Das sind grundsätzlich keine guten Ratgeber. Will man etwa auf einen Unglücksraben hören? Wer zu sehr hinter der Frau her ist, wirkt abschreckend. Wer sich auf so jemanden einlässt, darf sicher sein, dass derjenige versucht, sein Opfer mit Haut und Haaren zu verschlingen, damit es ihm nicht mehr abhanden kommt. Nur dass sich die Langeweile umso schneller ausbreitet.

Wenn jedoch das Begehren und die Neigungen treiben, wenn man die Gefühle dabei nicht kontrollieren kann, wenn man es nicht schafft, sich gegenüber einem zweifelhaften Partner spröde zurückzuhalten, dann bleibt der Lebenskünstlerin vielleicht wirklich nur die Besinnung auf die eigenen Lebensvorstellungen, an denen sie ähnlich festhalten müsste wie der Asket an seinen Prinzipien. Werden sich der Verehrer, die Verwandten und die braven Freunde auch noch so empören, die auf Lust abzielende Nachtschwärmerin wird dennoch die Figur, die Unabhängigkeit, die Karriere, die Disco und das Rauchen Kind und Mann vorziehen, die Oberflächlichkeit dem Tiefsinn, die Nacht dem Tag, und sich dabei als Realistin erweisen. Sie schätzt eher die vergängliche eigene Schönheit als die ewige Mütterlichkeit, den göttlichen Gemeinschaftsgeist und das biologische Überleben der Gattung. Sie verfrachtet die Äußerlichkeit an die Stelle des moralischen Codes und sich selbst an die Stelle der asketischen Regeln und des Sittengesetzes.

Ob das reicht, weiß man indes nie. Je jünger und je unerfahrener die Beteiligten sind, umso mehr droht den Beteiligten die Situation zu entgleiten. Wenn die moralische Umwelt die Lebenskünstlerin unter Druck setzt, wenn die eingetrichterten und religiös untermauerten Gewissensbisse nagen, weil man seine Lieben enttäuscht und sich unsozial verhält, dann neigen manche doch dazu, von den eigenen Ideen abzulassen, von jugendlichem Unsinn und von pubertärer Unvernunft, der fernen Erinnerung, der kurzen Lust. Zumindest aber lässt sich an den eigenen und daher natürlich aussichtslosen Visionen noch am ehesten abschätzen, ob eine solche Beziehung mit Möchtegernfamilienvätern, also mit einem in jeder Hinsicht normalen Partner der späteren Mühen wert wäre.

*50. Von einer großen Liebe zur nächsten.* Sollte die Lebenskünstlerin dabei scheitern, sollte sie sich in den Hafen der Ehe zerren lassen und Mutter werden, dann heißt das aber noch lange nicht, dass sie definitiv gescheitert wäre, weil sie sich jetzt in eine nichtbeabsichtigte Normalität fügt. Nicht nur, dass viele Zeitgenossen unsinnigerweise fordern, dass man sich konsequent verhält. Solche Konsequenz gewährt indes nur der Umwelt gewisse Vorteile. Denn auf konsequente Menschen kann sich die Umwelt einstellen, da sie dann weiß, woran sie sich halten kann. Konsequente Menschen lassen sich einschätzen, schaffen ein Gefühl der Sicherheit und vor allem der Übersichtlichkeit. Die Umwelt kann sich ausrechnen, wie konsequente Menschen reagieren werden. Wie sang doch einst Wolf Biermann: »Weil bei dir alles wahr war und klar war, Commandante Che Guevara.«

Für die Lebenskünstlerin schafft die eigene Konsequenz dagegen nur Nachteile oder Probleme. Konsequenzialismus entspricht nicht den wechselnden Gefühlen und Launen, die durch Konsequenz zumeist nur unterdrückt werden. Die Lebenskünstlerin will aber ihren Gefühlen möglichst freien Lauf lassen. Diese im Dienste eines Prinzips zu unterdrücken, widerspricht ihrer Orientierung an sich selbst. Sie sollte ihre Gefühle nur um ihrer selbst willen kontrollieren, letztlich sogar um der Gefühle selbst willen: unter dem Motto, wenn sie sich jetzt auf die große Liebe einlässt, dann war's das auch mit der großen Liebe; ergo: Manche große Liebe sollte man umschiffen, jedenfalls solche, die einen finalen Charakter anzunehmen trachten, die also vorgeben, wirklich groß und romantisch auszuarten, während sie dann bei beengten ökonomischen Verhältnissen sehr schnell zu windelweicher Routine entarten.

Stattdessen sollte eine große Liebe immer den Weg zur nächsten implizieren und offen halten, und sich, wenn das ökonomisch gefährlich zu werden droht, nicht in Windeln wickeln. Am ehesten durch Entzug und Freiheit erhält sich die große Liebe, wenn auch nicht unbedingt als dieselbe und auf Dauer, was aber trotzdem nicht ausgeschlossen ist. Es könnte sogar förderlich für den Bestand einer großen Liebe sein, wenn sie sich nicht als final, sondern immer nur als offen oder endend begreift, immer weiß, dass etwas dazwischen kommen kann, das sie plötzlich enden lässt. Manchmal wird aus einem Lebensabschnittspartner etwas mehr als das, sodass der Mittelteil des Kompositums langsam im Unscharfen verschwimmt. Doch im Verschwommenen droht natürlich immer die Schärfe wieder hervorzutreten. Zudem darf man weder die große noch die dauerhafte Liebe als Zweck an sich selbst betrachten. Es kann in der Liebe, und nicht nur dort, immer nur um den Augenblick gehen. Scheitert man folglich aus ganz anderen Gründen daran, dem Gemeinspruch zu widerstreiten? Dann behielte aber die Parole der Achtundsechziger recht.

Die Liebe der Barbarin bedient sich der Logik und setzt sie gleichzeitig außer Kraft. Denn könnte sie die eine von der anderen großen Liebe nicht unterscheiden, würde sie der erstbesten aufsitzen: das sichere Ende der großen Liebe. Um die eine aber durch die andere ersetzen zu können, muss sie ihnen eine Identität unterstellen, die sie nicht haben können. Jede Liebe ist doch anders. Die Abstraktion ›große‹ Liebe muss immer konkretisiert werden. Sie wäre, um mit Kant zu sprechen, ein leerer Begriff ohne Anschauung. Liebe muss man anschauen können. Liebe ist nicht romantisch, weil sie als romantische nicht im Diesseits stattfindet. Doch Gefühle bergen nun mal genügend Gedanken, bestehen nicht bloß aus blindem Drang. Wenn die Nachtschwärmerin die Liebe nicht genau betrachtet, dann kann sie diese auch nicht begreifen und tappt blind in die Falle der gedankenlosen Liebe. Wie sagt doch Kant: Anschauungen ohne Begriffe sind blind. Gedankenlose Liebe, also romantische Liebe, ist keine Liebe, denn bei der Liebe handelt es sich schließlich um ein Gefühl, zu dem eine ganze Sammlung von Gedanken gehört.


*51. Von den Chancen der Inkonsequenz.* Neben der Forderung nach Konsequenz herrscht zudem unter vielen Zeitgenossen die Parole, wer einmal inkonsequent ist, der könne sich nicht mehr durchsetzen, müsse daher nachgeben und aufhören, seine Interessen zu verfolgen. Dabei handelt es sich um ein ambivalentes Argument. Einerseits geht es darum, die Zeitgenossen zur Konsequenz anzuhalten, sie quasi vor Inkonsequenz zu warnen, um sie letztlich aber zu verlässlichen Menschen für die Gemeinschaft zu machen, während man ihnen drohend vorhält, dass sie ihre eigenen Interessen niemals werden durchsetzen können, wenn sie sich nicht konsequent verhielten. Wer sich gegenüber Kindern, Ehepartnern, Mitarbeitern, Kunden etc. an keine klaren Prinzipien hält, der wird immer scheitern, so die übliche Warnung mit Hintergedanken.

Umgekehrt aber dient das Argument auch dazu, Menschen von egoistischem Verhalten abzubringen, um sie wieder auf den Pfad der Tugend zu führen. Wer im Dienst des eigenen Lebens inkonsequent ist, der wird nicht gewarnt, sondern demotiviert. Der Lebenskünstlerin wird eiligst bescheinigt, dass sie sich nicht wundern muss, wenn sie sich nicht gegen die Umwelt auflehnen kann. Ihre Inkonsequenz bestätigt das nicht nur. Vielmehr kann man ihr dann gleich prophezeien, dass sie dadurch scheitern wird. Daher sei es am vernünftigsten, dass sie dieses egoistische Verhalten nach der ersten Inkonsequenz am besten gleich ganz aufgibt. Es lasse sich sowieso nicht durchsetzen, würde sie derart mit der Gesellschaft in einen ständigen Konflikt liegen. Also sollte sie sich von der Nacht ab- und dem Tag zukehren: der Morgenstund', nicht dem Morgengrauen: ein Versuch die Barbarin zu integrieren.

Doch davon darf sich die Lebenskünstlerin natürlich nicht beeindrucken lassen. Es handelt sich nun mal um eine konsequenzialistische Ideologie der Morgenröte, die Konsequenz hochzuhalten und zu behaupten, ohne sie würde man so oder so scheitern, just um jene zur Aufgabe zu bewegen, die sich an die Normalität nicht anpassen. Wenn sich die Lebenskünstlerin inkonsequent durchsetzen will, braucht sie nur einen längeren Atem. Die Mitwelt lernt dann etwas langsamer, dass sie nicht leicht zu durchschauen ist, weil sie die Welt nicht einem simplen Prinzip unterwirft, sondern nach der für sie richtigen Handlungsweise in der jeweiligen Situation sucht. Konsequent muss sie jedes Mal sich etwas anderes überlegen. Ihre Konsequenz lautet also: nie konsequent sein! Dabei gehören zur perfekten Inkonsequenz – aber wer wollte denn so konsequent sein? – Ausnahmen just von dieser Inkonsequenz. Also darf die Hexe auch gelegentlich mal konsequent sein – sonst wäre sie ja konsequent und nicht inkonsequent –, und natürlich am besten dort, wo es um die Durchsetzung ihrer eigenen Lebenspläne geht. Just dann ist sie inkonsequent inkonsequent, also gelegentlich auch konsequent, und nicht konsequent inkonsequent.

Sollte man folgenden Satz daher auch auf die Logik übertragen? »Wer hätte das gedacht:« – bemerkt 1748 Montesquieu – »Sogar die Tugend hat Grenzen nötig.«[42] Dass Vernunft und Tugend Grenzen haben, das erkannte bald darauf Kant. Dass man ihnen Grenzen ziehen muss, das führte überdeutlich Robespierre vor, der denn auch durch die Guillotine seinerseits begrenzt wurde. Es gibt nicht nur zuviel des Guten, sondern auch zuviel Vernunft, zuviel der Konsequenz wie auch der Inkonsequenz.


*52. Das bessere Argument wider die eigenen Lebenspläne.* Dieses Festhalten an den eigenen Vorstellungen zur Maxime zu erheben, besitzt ambivalenten Charakter. Wenn man dabei konsequent bleibt, dann gilt das auch für die anderen, denen man natürlich zugestehen muss, im eigenen Interesse eine ähnliche ambivalente Konsequenz zu entwickeln. Das wiederum erschwert die Durchsetzung der eigenen Lebenspläne, wenn man dafür die Zustimmung anderer braucht, die dazu womöglich von ihren Lebensplänen wiederum absehen müssten, beispielsweise wenn man Kinder in die Welt setzen und nicht alleine erziehen möchte – schließlich ist die Lebenskünstlerin nicht auf eine einzige Perspektive festgelegt. Selbstverständlich darf sie auch Kinder in die Welt setzen und manche Lebenskünstlerinnen halten sich dabei keineswegs zurück. Vielleicht ist das sogar die größere Herausforderung.

Eine solche Schwäche der eigenen Position lässt sich dann nicht vermeiden, wenn man seine Pläne nicht autonom entwirft, was im besagten Beispiel auch ausgeschlossen ist. Viele Zeitgenossen suchen zudem in der Liebesbeziehung eine Gemeinsamkeit, just um ihre Autonomie loszuwerden. Denn sie sehnen sich nach einer symbiotischen Beziehung – mit und ohne Kinder.

Die Anarchin kann ihre Lebensform aus verschiedenen, auch gegensätzlichen Elementen zusammenbasteln – wie bereits angeführt braucht sie sich auch nicht auf den Hedonismus zu stützen. Gerade selbst entworfene Lebensformen neigen notgedrungen zur Inkonsequenz. Doch diese Untugend sollte die Lebenskünstlerin zur Tugend erheben: Ein Leben, das ihr der Mühe wert erscheint, kann doch nicht aus Einheitlichkeit, Rationalität und Konsequenz bestehen, denen sie sich dann unterwerfen müsste, sondern aus vielfältigen, unterschiedlichen und gegensätzlichen Elementen, die sich aus den Nächten ergeben und die Morgenröte infiltrieren.

Dabei sollen Rationalität und Konsequenz doch so kommunikativ und gewaltlos sein, behaupten so manche Vertreter der Kommunikationstheorie. Das wäre indes noch schrecklicher, weil sich die Lebenskünstlerin dann auch noch freiwillig – sozusagen ohne Grund, aus Gutwilligkeit und vernünftiger Einsicht – unterwerfen müsste. Aber nein, sie müsste sich doch nur vom besseren Argument überzeugen lassen! Doch wenn ihr das nicht gefällt, nicht zu ihren Lebensplänen passt? Wenn sie das schlechtere vorzieht statt dieses sogenannten besseren Arguments? Dann sind diese Lebenspläne unvernünftig und sie müsste sie ändern! Wenn sie das aber nicht will? Dann ist sie unvernünftig und müsste sich selbst ändern! Also, alle Nachtschwärmerinnen freiwillig strammstehen vor der Vernunft! Statt das Morgengrauen als gutes Argument zu begreifen, um langsam das Nachtwerk zu beenden, die Morgenröte, um nach durchschlafener Nacht der Morgenstunde das Gold aus den Zähnen bohren. Damit wäre denn auch die Lebenskunst an ihr Ende gekommen bzw. würde von einem rationalistischen Korsett aufgehoben. Nicht wenige würden applaudieren und ich wäre jetzt mit meinem Latein am Ende und mit meiner Reflexion am Gemeinspruch gescheitert. Lust ist nun mal nicht so vernünftig, schon gar nicht eine lange Lust.

Da könnte ich sogar zustimmen. Trotzdem eignet der Lust ihre eigene Vernunft, gehören zu ihr zahlreiche Gedanken. Mag der Orgasmus die Identität aufheben, was ich zu bezweifeln wage. Aber wie lässt Umberto Eco in *Der Name der Rose* seinen Protagonisten Adson von Melk über dessen Liebesnacht mit einem Bauernmädchen berichten, die kurze Zeit darauf die Inquisition verbrennen wird, von der daher wirklich nur der Name bleibt, den Adson jedoch niemals erfuhr: »Worte, die sich in den tiefsten Zonen meiner Erinnerung festgesetzt hatten, stiegen herauf und sprangen mir auf die stummen Lippen, und ich vergaß, dass sie einst in der Schrift oder in den Büchern der Heiligen dazu gedient hatten, Wahrheit und Empfindungen von ganz anderer Art auszudrücken. Aber gab es denn wirklich einen Unterschied zwischen dem hehren Entzücken, von welchem die Heiligen sprachen, und der heißen Lust, die meine erregte Seele in diesem Moment empfand? Ja, ich gestehe, in diesem Moment erlosch mir der Wachen Sinn für die Differenz.«[43]

Selbst in diesem kurzen Augenblick verschmilzt die Hexe vielleicht mit ihrem Geliebten. In der Gemeinschaft – welcher auch immer – geht sie nicht auf, befindet sich vielmehr ganz bei sich selbst. Lust individualisiert also durchaus, auch wenn sie sich zum Massenmord missbrauchen lässt. Lust entzieht das Individuum aber auch der massenmordenden Gemeinschaft. Individuen morden eher selten massenhaft, Gemeinschaften ständig, von der Mafia über Al-Kaida bis hin zur Wehrmacht.

*53. Eine kapitalintensive Lebenskunst.* Während Entwürfe, die von anderen Menschen abhängen, nur schwer zu realisieren sind, schaffen Pläne, für die man dagegen andere nicht braucht, der Nachtschwärmerin die Autonomie, die ein eigenständiges Leben erleichtert. Man kann die Abhängigkeit von anderen Menschen gelegentlich finanziell reduzieren. Um alleine Kinder zu erziehen, ihre Pläne einer eigenen Karriere dabei aber nicht aufzugeben, dazu braucht die Lebenskünstlerin schlicht ein gutes Einkommen, jedenfalls sollte man sich das bei niedrigem Einkommen genau überlegen. Dazu benötigt man in jungen Jahren reiche Eltern. Natürlich ist das dann auch keine besondere Lebenskunst. Aber sicherlich hat sie lieber reiche Eltern, als ein hohes Maß an Lebenskunst. Es sei denn, sie ist wirklich Lebenskünstlerin. Oder ist sie das besser nicht?

Sollte sie lieber lebensklug sein? Lebensklugheit ist wahrscheinlich das krasse Gegenteil zur Lebenskunst. Reiche Eltern könnten das Leben erleichtern, während die Lebenskunst es regelmäßig erschwert. In Anlehnung an Aristipp könnte man jedoch sagen, lieber ein Nachtschwärmer als ein Mangel an Lebenskunst, die der Reiche höchstens selten lernt. Trotzdem würde ich mein Geld auch nicht den Armen schenken. Sie könnten ja dann keine Lebenskünstler mehr werden.

Mag solcherart bescheidene und dafür finanziell unterfütterte Lebenskunst auch unerfreulich unegalitär klingen. Doch daran lässt sich nichts ändern. Niemand kann darauf warten, bis der Sozialstaat dergleichen ermöglicht. Niemand kann erst den Sozialstaat ausbauen, um sich derart den Weg zu ebnen. Das dauert alles viel zu lang, nicht bloß, wenn es um eigene Kinder geht. Warum sollte man sich lieber für andere Menschen, den Kommunismus oder den christlichen Glauben engagieren, anstatt mit allen seinen Möglichkeiten seine eigenen Visionen zu leben, für die bekanntlich nur dieses eine kurze Leben zur Verfügung steht, was angesichts von Milliarden von Jahren sehr wenig ist. Davor verblassen alle altruistischen Argumente. Es gibt keine moralischen Autoritäten, die das anders entscheiden könnten. Es gibt überhaupt keine moralischen Autoritäten. Aber es gibt moralische Ratgeber, die man in der Literatur oder im Kino finden kann. Jeder befindet über seine ethischen Orientierungen letztlich selbst, auch wenn er sich beraten lässt.

Daher empfahl Nietzsche: Aus dem Leben ein Kunstwerk machen! Dazu muss man gegebenenfalls gewisse Neigungen opfern: im Dienst der Kunst, genauer des selbstgeformten eigenen Lebens. Im Grunde braucht man nicht viel Geld, um seine Pläne zu realisieren. Aber man kann sich dann viele Dinge eben nicht leisten, eine große Familie oder teure Oldtimer. Aus dem eigenen Leben ein Kunstwerk formen, das mag für viele zu schwer sein. Sie können sich über die Ungerechtigkeit der Welt beklagen. Trotzdem müssen sie die Wahl verantworten, die sie treffen und die linken wie rechten Kulturkritiker werden ihnen Entfremdung und erzwungene Anpassung an den Kapitalismus vorwerfen. Das lässt sich nicht völlig von der Hand weisen. Trotzdem spielt es keine negative Rolle, wenn sich individuelle und wirtschaftliche Interessen tangieren.

Außerdem setzt Entfremdung ein Wesen voraus, von dem sich die Hexe entfremden soll. Haben Nachtschwärmerinnen feste Wesen? Darüber kann man jedoch nur nächtliche Mutmaßungen anstellen. Ansonsten handelt es sich um einen naturalistischen Fehlschluss. Und selbst wenn der Mensch ein natürliches, wiewohl evolutionär veränderliches Wesen hätte, spräche nichts dagegen, zu versuchen, es zu verändern, mag es auch Leute im Vatikan geben, die die Veränderung solchen Wesens aufzuhalten versuchen. Die Lebenskünstlerin entfremdet sich höchstens von Menschen, die glauben, ein natürliches Wesen zu haben. Das können Christen, Muslime, Scientologen, Kommunisten, Sozialdemokraten, Liberale und Grüne sein. Sie würden der Anarchin wahrscheinlich zu recht vorwerfen, mit ihr ende der gemeinschaftsorientierte Mensch, jedenfalls der der Gemeinschaft untergeordnete. Ansonsten bilden die Hexen ständig Bünde auf freiwilliger Basis. Anders lässt sich heute Gesellschaft nicht mehr denken.

Das Leben der Nachtschwärmerin braucht keine Klarheit und keine Wahrheit, sondern Ambivalenzen, Paradoxien, Unschärfen, ständige Wechsel. Daher stellt sich ihr gegebenenfalls die Frage, wie sie den Protestantismus los wird, der indes die rationalistische Grundlage einer hedonistischen Askese darstellt. Und der Zweck wäre, so zu leben wie ein mittelalterlicher Katholik, der sündigen darf, soviel er will, weil er ja schließlich alles wieder gut machen kann. Nur dass die Hexe keine Sünden begeht und daher auch keine Beichten braucht.

54. *Unglück im Liebesglück.* Eine innere Schwäche, die die Verfolgung der eigenen Entwürfe behindert, könnte sich auch aus einer anderen, überraschenden Perspektive ergeben: Nämlich großer Erfolg bei der Partnerwahl, zu viele Angebote, die man gar nicht alle annehmen kann. Das soll zwar gelegentlich zum Donjuanismus verleiten, was gemäß der Lebenskunst noch das Harmloseste wäre und keinen ungeschickten Ausweg bedeutete, solange man nicht Ehe und Familie im Sinn hat. Häufiger führt der zu große Erfolg jedoch schnell, zumindest mittelfristig, in eine feste Beziehung, die heute zwar sicherlich seltener als vor 50 Jahren aber immer noch häufig genug in eine Ehe führt, wenigstens nachdem die in der Liebe erfolgreiche Lebenskünstlerin einige Partner durchprobierte. Aber auch sie könnte – und das wäre das Gefähr-

lichste – einem Traumpartner begegnen, den sie nicht allzu leicht bekommen kann. In der Bemühung um ihren Traum, wenn die süßen Kirschen recht hoch hängen, wenn sie ihrerseits für den Begehrten vielleicht nicht attraktiv genug sein könnte, vergisst sie auch manchmal ihre Entwürfe. Allemal können dadurch Lebenspläne der Beteiligten, gerade von Frauen, durchkreuzt werden, die sich plötzlich mit dem Kind auf dem Arm wiederfinden, und mit einem Mann ausgerüstet, der sich um des Geldes willen nicht ums Kind kümmern mag, sodass sich die Lebenskünstlerin von ihrer Kunst wie ihrer Karriere verabschiedet. Wenn dann die Kinder aus dem Haus sind, bleibt ihr nichts anderes, als ebenfalls bloß um des Geldes willen zu arbeiten.

In traditioneller Terminologie könnte man das noch folgendermaßen formulieren: Die schönen Frauen werden vom Fleck weg geheiratet und finden sich viel schneller am Ende ihrer Träume als die hässlichen. Und wenn sich diese schönen Frauen doch noch um einen Traumpartner bemühen müssen, beschleunigt das den Niedergang aller Lebenskunst. Ein wenig droht davon auch heute noch Frauen, aber genauso Männern, vor allem jenen, die wenig Glück in der Liebe haben und sich dann umso mehr hingeben, wenn sie endlich eine Partnerin gefunden haben.

Eine Freundin berichtete mir vom Klassentreffen 20 Jahre nach dem Abitur, dass die damals attraktiven jungen Frauen alle verheiratet und Mütter waren und vergleichsweise langweilig, während die damaligen Mauerblümchen nun erheblich interessanter erschienen – nun, eine weibliche Perspektive, die männlich anders aussehen könnte, die aber heutige junge Generationen weder in der einen noch der anderen Variante unbedingt teilen müssen. Wenigstens ist niemand mehr einem unvermeidbaren Schicksal ausgeliefert: Oder braucht man Ödipus gar nicht zu bedauern, dass er mit seiner Mutter schlief? Das wäre doch nur peinlich, wenn sie ihn erzogen hätte. Ansonsten verstößt das ja nur gegen die guten Sitten, die so gut nun auch wieder nicht sind. Attraktivität hängt andererseits nun mal nicht vom Alter ab. Wider den Gemeinspruch lässt sich just um der Lust willen die Lust nicht in den Dienst der Partnersuche stellen, da Partnersuche und Lust konsequent auseinander treten bzw. die Partnersuche in den Hintergrund des Gebrauchs der Lüste gerät.

Das erleichtert keineswegs das Leben der Lebenskünstlerin mit Glück in der Liebe. Sich solchem Erfolg zu entziehen, ließe sich allerdings schon durch eine gewisse Sprödigkeit und Distanz erreichen, um sich nicht in das Gespinst der anderen Seite zu verwickeln. Erfolgreiche haben zumeist auch mehrere Optionen, sodass etwas Donjuanismus unerfreuliche Konsequenzen verhindert, um traditionelle Lebensformen zu vermeiden. Um nicht in eine solche Situation zu geraten, eile unsere Lebenskünstlerin von Beziehung zu Beziehung – auch wenn man ihr Bindungsunfähigkeit vorwirft. Bindungsfähigkeit bringt sie vom eigenen Leben ab und dient der Gemeinschaft oder halluziniert einen Dienst an der Gattung. Bindungsunfähigkeit dagegen schützt vor gefährlichen Liebschaften, nämlich auf Dauer gestellten Ehen.

Der Bindungsfähigen bleibt im Zweifelsfall nichts anderes, als sich wiederum auf ihre Lebenspläne zu besinnen, was aber häufig nicht klappt. Doch das lässt sich inkonsequent ja immer wieder versuchen; erst versuchen, um sich dann zu entziehen. Fehler lassen sich korrigieren. Denn die Nachtschwärmerin kann sich auch wieder trennen, die Kinder bei ihrem Ex-Ehemann lassen, um nicht von ihnen behindert zu werden. Warum bleiben Kinder bei der Mutter? Im Kampf gegen den Gemeinspruch behindern Kinder, schließlich sind sie ja der Segen Gottes, der damit versucht, ihre Bemühungen hinterhältig zu hintertreiben. Oder sollte die liebe dreieinige Göttin Hedonistin sein und mit der Anarchin mitleiden, ihr nur nicht helfen können, weil sie gar nicht allmächtig ist?

Generell wäre wohl Gelassenheit angesagt, auch bei den Erfolgreichen.[44] Um jemanden zu gewinnen, sollte man sich selbst keinesfalls aufgeben, sondern eher auf den Traum verzichten, der sowieso nicht lange währt, der doch nur der Propagandaabteilung des Altersheims oder Gottes entspringt.


55. *Warten auf das Ende des Liebessturms.* Als besonders gefährlich erweist sich in diesem Kontext der ganz starke Wunsch, also das, was man ja am meisten begehrt, von dem man zumindest träumt, wiewohl es viele wahrscheinlich nie erleben, nämlich die stürmische Liebe. Darf sich die Nachtschwärmerin dem Liebessturm entziehen? Muss man sich nicht hinreißen lassen? Doch umso schneller kann dergleichen fatale Folgen zeitigen. Dann wäre die Hingabe zu beschränken, nämlich auf die erotische Lust. Denn wenn das erotische Feuer lodert, dann verdankt es sich wenigstens dem gemeinsamen dionysischen Rausch der Liebenden, auch und gerade wenn sie nicht ihre Identität verliert, wie es Nietzsche noch unterstellt: Das Dionysische als Aufhebung der Individualität. Wenn man die erotische Lust nicht als große Liebe überhöht, sondern nur als kleine begreift –

denn ganz ohne Liebe bleibt das ganze doch eine sportliche Übung –, dann bliebe der Verlust der Identität punktuell, nur im höchsten Augenblick, dem orgastischen. Und selbst daran ließe sich ja noch zweifeln – man erinnere sich an die zitierte Stelle aus Ecos *Der Name der Rose*. Dann hätte dergleichen keine weiteren Folgen, höchstens eine Abtreibung, wenn man sich nicht ordentlich hütete. Wenn auf den punktuellen Identitätsverlust jedoch das Sakrament der Ehe folgt, dann verliert die Lebenskünstlerin leicht dauerhaft ihre Identität wie ihre Figur – nicht wegen der Kinder, sondern wegen des Essens. Aber es gibt ja unendlich viele Diäten.

Doch das lodernde erotische Feuer lässt sich bewusst intensivieren, wenn man davon gar nicht genug bekommt und es in vollen Zügen genießt, in der festen Erwartung, es würde nie enden. Wenn man sich dieser Illusion hingibt, dann überschreitet der Liebessturm schnell die Grenze der Erotik, sodass sich die erotische in die christliche Liebe transformiert, die die Bereitschaft forciert, sich den Interessen des anderen unterzuordnen. Denn das Feuer lässt sich auch mit einem Hintergedanken intensivieren, dass nämlich derjenige, der das Feuer schürt, die Hexe auf hingebungsvolle Gedanken bringen möchte, die gar nicht unbedingt die seinigen sein müssen. Die meisten derart traditionell Liebenden benutzen nur die anderen. Wenn die Nachtschwärmerin das nicht rechtzeitig bemerkt, zerstört dieses lodernde Feuer der stürmischen Liebe allzu schnell das eigene Leben. Plötzlich erfüllt die Lebenskünstlerin alle Wünsche des Mannes – was sie in jeder Hinsicht besser unterlässt, da dergleichen nicht nur einen gehörigen Identitätsverlust nach sich zöge, sondern sie sich damit vielmehr den Interessen der Gemeinschaft unterordnen würde.

Dabei überwältigt sie ein Sturm der Leidenschaften. Gefühle und Neigungen haben sich dabei längst selbstständig gemacht und alle Distanz wahrende Sprödigkeit ist gewichen, die jenen Rausch stürmischer Liebe von vornherein nicht entstehen ließe. Umso tragischer erweist sich diese Sachlage, wenn die Lebenskünstlerin längst nicht mehr den ganzen Sinn des Lebens in der Liebe erblickt. Hinterrücks kehrt er wieder. Plötzlich hat sie einen Lebenssinn, den sie nie beabsichtigte, hatte sie doch ursprünglich mal auf dergleichen Sinnhaftigkeiten verzichtet. Zu dumm! Die Wiederkehr des Lebenssinns, des ewig Gleichen.

Vielleicht hilft hier wiederum nur die Besinnung auf die eigenen Ziele und die an sich unschöne Gewissheit, die schon Sigmund Freud diagnostiziert: dass Stürme vorüberziehen, vor allem überschwängliche Liebesstürme, so sehr man das im Dienste des Dionysos und des Eros ja bedauert – bestimmt nicht im Sinne der christlichen Nächstenliebe, wiewohl diese auch mystische Stürme der Hilfsbereitschaft zu entfachen vermag, nicht aber Liebesstürme der orgastischen Sinnlichkeit, die vom Gattungsinteresse gerade scheidet. Trotzdem besitzt die mystische Identität auch eine Nähe zum Orgasmus, wenn dieser eine solche Intensität entfaltet, die für einen kurzen Augenblick das Bewusstsein der Individualität aufhebt. Doch diese Erlebnis überbewertet die kluge Lebenskünstlerin nicht. Keinesfalls schließt sie von dort auf die Beziehung insgesamt.

Es ist zwar schade, dass die Hexe mystische und orgastische Liebesstürme besser nur eingeschränkt genießt. Doch um ihr Leben nicht zu verlieren, um ihre Individualität zu retten, um diese nicht in einem Augenblick zu verjubeln, der nun mal partout nicht verweilen mag, und der nur wiederkehrt, wenn sie die Individualität nicht verjubelt, just dann bleibt nur die Devise: Abwarten und Zeit gewinnen, und sich keinesfalls zu nur schwer revidierbaren Handlungen hinreißen lassen. Sonst verliert sich die Spur solcher Erdentage gar nicht mehr, wiewohl just der Sturm dieser Tage längst vergessen ist. Denn dann geht man in die Gattung ein, was vielen ja ein durchaus erstrebenswertes Ziel erscheint, was für die Hexe aber vergleichsweise belanglos bleibt. Um solche Spuren zu vermeiden, erinnert sie sich während des Liebessturms nur immer wieder daran, dass solche Stürme enden. Diese zu überdauern, verlangt nur etwas Abwarten und ein wenig Nachhilfe.

56. *Der 15. als der 30. Mann und immer dasselbe Auto.* Wenn es weniger stürmisch, aber allemal noch gefühlvoll genug zugeht, dann hat die Lebenskünstlerin trotzdem eine Chance, den Gefühlen nicht ihren vermeintlich freien Lauf zu lassen. Gefühle sind nämlich – so die US-amerikanische Philosophin Martha Nussbaum – keineswegs von Verstand und Vernunft strikt getrennt, stehen zu ihnen nicht in Opposition. Wenn die Lebenskünstlerin jemanden liebt, erschöpft sich das nicht in einem dumpfen Gefühl im Bauch. Vielmehr vermischt sich dergleichen mit Bewunderung, Anerkennung, diversen positiven und negativen Urteilen, die sich verstandesmäßigen Einsichten verdanken. Oder wenn sie um jemanden trauert, dann beherrschen die Betreffende Gedanken über die Bedeutung der geliebten Person sowie die Einsicht, dass jemand für immer aus dem Leben getreten ist. »Gram beispielsweise«, schreibt Martha Nussbaum, »besteht nicht bloß darin, dass einem das Herz

schwer wird, sondern er beinhaltet die Einsicht, dass ein Gegenstand von großer Bedeutung verlorengegangen ist. Gefühle setzen Formen des Sehens voraus.«[45]

Dann urteilt die Lebenskünstlerin auch liebend durchaus abgewogen und insofern beschränkt sie ihre Liebe nach eigenen Interessen. Sie unterdrückt Gefühle keinesfalls wie der Asket, der Gefühle ja nicht nur zumeist ablehnt, sondern sich in seiner reinen Rationalität bzw. im religiösen Glauben bedroht sieht. Durch ihre Vermischung mit Vernunft beeinflusst die Lebenskünstlerin die Gefühle. Derart lassen sie sich dämpfen, wahrscheinlich sogar auch steigern, wenn man beispielsweise nur noch alle positiven Urteile über eine Person beachtet. Wenn die Einzelne bei einer Handlung kein gutes Gefühl hat, dann wird sie versuchen, dafür rationale Gründe zu finden, verlässt sie sich nicht auf das Gefühl alleine oder geht gar zum Astrologen.

Das fällt mit den Neigungen schon etwas schwerer, die sich als Triebe und Begierden umschreiben lassen, die zunächst nicht mit Vernunft durchmischt erscheinen, die womöglich die Vernunft vor sich hertreiben. Wenn Jacques Lacan im Begehren einen Grundtrieb sieht, der sich weder stillen noch disziplinieren lässt, dann führt das nicht unbedingt zu einer pessimistischen Einstellung. Dass die Herrschaft der Vernunft ihre Grenzen hat, erweist sich als so schade nicht. Kant hätte dergleichen sicher noch geärgert, auch Marx, die postmoderne Nachtschwärmerin dagegen längst nicht mehr. Sie weiß um die beschränkte Wirkmächtigkeit der Vernunft und auch um ihre negativen Wirkungen, um die *Dialektik der Aufklärung*. Sie weiß auch um ihre eigenen Eingriffsmöglichkeiten in ihre Gefühlswelt wie in die eigenen Vernunftvermögen. Sie weiß darum, dass Gefühle nicht per se böse sind und die Vernunft nicht immer das Gute will.

So mag das Begehren mit den Menschen spielen. Doch diese spielen auch mit dem Begehren – das hat sich Lacan so nicht gedacht. Denn das Begehren hat kein festes Objekt. Es kann erst die Frau und dann das Auto sein oder umgekehrt. Man kann den Werbespruch einer Münchner Zeitung einfach so umdrehen, wie die Angelegenheit sinnvoller erscheint: ›Es gibt Dinge, die man nie vergisst: den ersten Kuss, das erste Auto, das zweite Auto, das dritte Auto, das vierte Auto, das fünfte Auto …‹ – und zwar folgendermaßen: das erste Fahrrad, den ersten Kuss, den zweiten Mann, den dritten, den siebten, den zehnten Mann etc.

Also spielt die Barbarin mit dem Begehren, beeinflusst es und ist diesem auch nicht hilflos ausgeliefert. Sonst müsste sich die Autowerbung nicht so abrackern und die Lebenskünstlerin gäbe sich mit einem Mann, aber niemals mit einem Auto zufrieden. Doch es ist umgekehrt, sie gibt sich niemals mit einem Mann zufrieden. Und wenn überhaupt solche Seifenkisten: dann würde ein Auto fürs Leben reichen, wenn es nicht zerfiele, die Anarchin kann es doch sowieso nicht einparken, sie verwechselt zudem die Sommer- mit den Winterreifen – lauter belanglose Angelegenheiten.

Die eigenen Begierden zu befriedigen – diese lassen sich schließlich auch befriedigen, das Begehren treibt dagegen keineswegs zum Nachteil immer weiter (der zwanzigste Mann), denn es wäre doch tragisch, würde es erlöschen –, gelingt am besten, wenn sich andere davor nicht fürchten, wenn die Hexe ihre Begierden so moderiert, dass sie für andere akzeptabel werden, wie es der italienische Philosoph Gianni Vattimo fordert: Also gut, man macht dem dreißigsten Mann vor, er wäre erst der fünfzehnte. Oder, sollte die Teufelin dem 15. Mann nicht lieber vormachen, er wäre der 30.? Das muss sie sich wohl von Fall zu Fall bzw. von Mann zu Mann überlegen. Bei religiösen Fundis müsste sie wohl die Jungfrau heucheln. Doch vermutlich wird sie auf solche unerotischen Gestalten von vornherein verzichten. Der Musterschüler wird dagegen wenigstens in dreißig Jahren attraktiv. Doch dann hat er sie entweder längst verlassen, oder er benimmt sich im Hotel so daneben, dass ihn die Polizei aufgreift.

Wer jedenfalls wie Berlusconi seine Leidenschaften ungeschminkt demonstriert – die siebenhundertdreizehnte Frau –, dem laufen die Freunde davon. Mit Bill Clinton hatte man in der Lewinsky-Affäre von vornherein Mitleid. Das war ja auch höchstens die dreiunddreißigste. Dabei können die katholischen Italiener bestimmt besser lügen als Protestanten aus Arkansas. Doch vielleicht haben die Clintons als Politikerinnen ja dazugelernt. Warum ist Tony Blair wohl zum Katholizismus übergetreten? Gab es da nicht ein Problem mit der Ursache des Irakkrieges? Katholiken können Lügen durch die Beichte und gute Taten kompensieren. Als Anglikaner müsste er dagegen in die Hölle. Wahrscheinlich gruselte ihn schon davor. Vielleicht will er auch das Lügen besser lernen, was Katholiken just aus diesen Gründen leichter fällt. Er wird es innerfamiliär gebrauchen können. Seine Frau ist Katholikin. Ergo: Er ist ihr unterlegen.

Das Getümmel an Männern mit und ohne Trauschein mag ja im Sinne von Sigmund Freud bloße Sublimierung bleiben – aber der 30. wäre doch allemal eine spannendere Sublimierung als ein einziger das ganze lange Leben lang. Und sei es nur, um Vergleichsmöglichkeiten im Bett zu haben. Ansonsten wüsste man ja gar nicht, dass man etwas hat, wenn man etwas hat. Allemal zeugt der 30. Mann davon, dass es einen Mittelweg zwischen der totalen Askese und der Herrschaft der Triebe gibt – der 300. Mann oder das wievielte Zimmermädchen? –, dass sich also die Neigungen durchaus moderieren lassen. Aber was spricht ernsthaft gegen 300 Männer? Nun, das Risiko! Nein, nicht Aids, damit muss die Hexe leben. Vielmehr: den richtigen zu finden, dem sie sich hingibt und auf ein eigenes Leben verzichtet.

Für Freud besitzt das eine gewisse Dramatik, denn sublimierte Bedürfnisse lassen sich nicht mehr befriedigen, also 300 und mehr. Aber erstens darf man das bezweifeln und zweitens fragen, wo dabei das Problem läge. Was heißt denn ›Befriedigung‹? Wenn der Trieb erlahmt und man nach dem Sex endlich die Zigarette raucht, auf die man sich während der Ruckelei die ganze Zeit freute? Ein befriedigter lahmer Trieb erscheint doch eher unbefriedigend als ein notorisch weiter treibender. Was wäre, wenn das Begehren nicht weitertriebe? Zum 30., 31. ...! Lebte man dann in stabilen monogamen Verhältnissen wie Adam und Eva? Wäre die Liebe dann endlich keine Illusion mehr? Im Sinn von Roberto Benigni jeden Tag derselbe Adam, derselbe Bach, dieselbe Wiese, derselbe Baum, dieselben Äpfel, und das eine Ewigkeit lang. Was unternimmt man bloß im Paradies am Wochenende? Man isst die verbotenen Äpfel!

Doch leider enthüllt das Begehren, was die Liebe verschweigt, um einen Ausdruck Adornos zu persiflieren. Daher vergesse man getrost Freuds Naturmensch. Lüste und Gefühle entstehen überhaupt erst durch die kulturelle Prägung. Wann die Lebenskünstlerin befriedigt ist – wenn sie das überhaupt sein will, also den Zustand der völligen Erlahmung des Triebes zu erreichen –, entscheidet sie für sich alleine, nicht die Theorien des Dr. Freud. Wenn sie sich zudem um das Problem der Befriedigung gar nicht kümmert, dann hat sie damit auch kein Problem, wiewohl die Verfechter der Neurosentheorie bei ihr fleißig eine unruhige Unzufriedenheit, Donjuanismus und Bindungsunfähigkeit diagnostizieren, womit sie auch schlicht recht haben. Aber das beeindruckt die Hexe wenig, niemand kann ihr vorschreiben, wie viel Nervosität normal ist. Schließlich ist niemand gezwungen, sich auf die Couch zu legen, um dort von lauter unerfreulichen Theorien belästigt zu werden, die nämlich die Nachtschwärmerin die ganze Zeit mit Mama und Papa beschäftigen. Als gäbe es keine angenehmeren Zeitgenossen und vor allem keine hübscheren Beschäftigungen als diese Freudschen Zumutungen!


57. ›Wie kam der Sex nach Deutschland‹? Just in diesem Sinn und mit Foucault, der die Sexualität als ein Produkt der letzten paar Jahrhunderte begreift, kann ich mit einem gängigen Vorurteil aufräumen, dass die hedonistischen Achtundsechziger der heutigen Sexualisierung aller Lebensbereiche und der Gewalt in den Medien wie in der Realität den Weg bereitet hätten. Dem widerspricht die 2011 erschienene umfängliche Studie der Wiener Zeithistorikerin Sybille Steinbacher: *Wie der Sex nach Deutschland kam – Der Kampf um Sittlichkeit und Anstand in der frühen Bundesrepublik*. Denn unterschiedliche Sex-Wellen gab es auch schon im Kaiserreich und der Weimarer Republik, die genauso wie jene seit den vierziger bis in die siebziger Jahre die Sittenwächter aus allen politischen Lagern auf den Plan riefen. Dass der katholische, um

1900 gegründete Volkswartbund mit seiner Kölner Zentrale und mit besonderer Unterstützung des damaligen Kölner Kardinals Frings deren Speerspitze war, verwundert nicht. Eher schon, warum diese Sittenwächter scheiterten.

Kaum hatten die Alliierten Deutschland von den Nazis befreit, stieg in der katholischen Bischofsstadt Bamberg die Zahl der Diagnosen diverser Geschlechtskrankheiten an. Dergleichen hatte es in der einst kaiserlichen Garnisonsstadt so gut wie nicht gegeben. Dass nun die amerikanischen Besatzungsbehörden die Stadt zu Gegenmaßnahmen aufforderten, verwundert sicherlich nicht, auch nicht, dass daraufhin ein spezielles Krankenhaus eingerichtet wurde, das im Volksmund bald ›Geschlechtskrankenhaus‹ hieß.

Eher schon, dass sich die städtischen Behörden und die deutsche Sittenpolizei eifrig daran beteiligten, Hunderte von Frauen pro Monat in der Nähe von amerikanischen Einrichtungen oder Vergnügungsstätten festzunehmen – allein der Verdacht, ›Feindsliebchen‹ zu sein, reichte aus – und sie ins besagte Krankenhaus zwangseinzuliefern, wo sie mindestens ein bis zwei Tage festgehalten wurden. Viele Eltern vermissten häufig ihre Töchter, was sich vor den Nachbarn nicht immer verbergen ließ. 1951 kritisierte das der Chefarzt öffentlich, »er leite ein Krankenhaus und kein Gefängnis. Die polizeilichen Methoden verstießen nach seiner Ansicht gegen ›fundamentale Bestimmungen der Demokratie.«[46] Prompt brach in der örtlichen Presse ein Sturm der Entrüstung aus und der Mann wurde umgehend seines Postens enthoben. Offenbar herrschte noch der Nazi-Geist.

Sittenhüter mit ähnlichen geistigen Neigungen wehrten sich denn auch gegen den 1948 und 1953 erschienenen Kinsey-Report mit dem Argument, nicht nur die amerikanische Kultur sei flach und von schmutzigen Schundfilmen beherrscht. Vor allem in amerikanischen Ehen ginge es den Eheleuten nur um Sex und Orgasmus, nicht wie in Deutschland um Liebe, Romantik und den Beitrag zur Volksgemeinschaft. Ende August 1953 machte die *Süddeutsche Zeitung* dafür vor allem die in den USA fortgeschrittene Emanzipation der Frauen verantwortlich. Der bekannte Soziologe Helmut Schelsky – schreibt Sybille Steinbacher – »attestierte Kinsey ›erschütternde und verderbliche Wirkung‹. (...) Nützlich und wünschenswert sei es, postulierte er, wenn Sexualität und Sexualmoral der öffentlichen Diskussion gänzlich entzogen blieben.«[47] Hier weht nicht nur Nazi-Geist, sondern offener Antiamerikanismus.

Zuvor schon tauchte eine Unsitte aus dem späten Kaiserreich und der Weimarer Republik wieder auf, mit der die Nazis nachhaltig aufräumten, nämlich Hefte mit Schmutz und Schund – seit 1900 ein juristischer Fachterminus –, die zumeist von Kleinverlagen vertrieben wurden. So setzte sich der Kampf für den Anstand über die verschiedenen Vor-, Nach- und Kriegszeiten hinweg ungebrochen fort. Nur die Nazis wichen in den letzten Kriegsjahren von ihrer eigenen Familienpropaganda ab und akzeptierten Schwangerschaften ohne Trauschein. Die Bundesrepublik des Konrad Adenauer hatte nicht zufällig den nationalsozialistischen Tätern den Staatsdienst geöffnet, sodass sie die geistige Atmosphäre weiterhin beherrschen konnten, wogegen die Achtundsechziger gerade protestierten.

Gleichzeitig bot die späte Abkehr der Nazis von der reinen Lehre den Anstands-Vertretern in der neuen Bundesrepublik die Möglichkeit, sich mit Widerstandkämpfern gegen die Nazis zu vergleichen – man denke auch an den noch heute immer wieder gebrauchten Vergleich der Abtreibung mit dem Holocaust. Allerdings waren die deutschen Widerstandskämpfer in jenen Kreisen nicht sehr populär.

Doch trotz der Kontinuität und aller Anstrengungen von Polizei, Justiz, Gesundheitsbehörden, Politik, Kirchen etc. geht dieser Kampf bereits in den frühen sechziger Jahren verloren. Somit konnten die Achtundsechziger mit ihrem Konzept der freien Liebe – so Steinbacher – dafür schwerlich verantwortlich sein. Nein, verantwortlich war der Kommerz.

Die Schmutz-Literatur fand reißenden Absatz, unzüchtige Filme avancierten zu Kassenschlagern: *Die Sünderin* mit Hildegard Knef oder Ingmar Bergmans *Das Schweigen*. Beate Uhse und ähnliche Unternehmen setzten Millionen mit Sexartikeln um. Vor allem aber sprangen die Illustrierten wie *Stern* und *Quick* auf diesen Zug auf, und zwar unter der Maske der Kritik an dieser Sexualisierung: Man kritisierte die Kinsey-Reporte in wochenlangen Serien als unmoralisch, aber man ging detailreich und animativ auf sie ein. Spätestens in den sechziger Jahren konnten konservative Regierungen gegen die Sexwelle nichts mehr unternehmen, ohne Wählerstimmen zu riskieren.

Mit Sex und Gewalt in den heutigen Medien lassen sich somit besagte Sexwellen leichter verbinden als mit den hedonistischen Achtundsechzigern, die ihrerseits mit diesen Sexwellen nicht viel zu tun hatten. Höchstens radikalisierten sie parallele Elemente, nämlich die freie Liebe, entwickelten diverse neue Lebensformen und beschleunigten vor allem die Emanzipation der Frauen. Just dergleichen wollten weder Kinsey, Uhse,

*Stern* noch *Quick* befördern. Vielmehr ging es ihnen primär darum, das sexuelle Glück in der Ehe zu unterstützen, wobei sie die Emanzipation durchgängig ablehnten. Die Sexualisierung zielt also gerade nicht darauf ab, dem Gemeinspruch zu widerstreiten. Höchstens darf man sie als ein Produkt der gemeinen Sachlage interpretieren.

Zwar degradiert diese Sexualisierung in der westlichen Welt Frauen zu Objekten. Doch sie erleichtert auch deren beruflichen Ein- und Aufstieg und damit die Emanzipation. Ähnlich beschleunigt sie den Hedonismus und die Libertinage der Achtundsechziger Zeit, während die damalige Protestbewegung die freie Liebe als sittliche Angelegenheit proklamierte. Barbarentum – die Abkehr von traditionellen Werten –, Lebenskunst – die Verantwortung für die eigene Lebensform –, Nachtschwärmerei – der Rausch und der Primat der erotischen Lust in der Liebe – und Anarchie – sich nicht bevormunden zu lassen – entstehen unabhängig von der Sexualisierung. Doch selbstverständlich verwickeln sie sich ineinander. Da sich zudem Lust und Liebe nicht ohne Macht realisieren, bleibt dergleichen nicht gewaltfrei. Die Hexe bzw. Teufelin mixt sich aus diesen Zutaten ihr eigenes Lebens- und Liebesspiel, dem Vernunft und Askese als Mittel dienen, niemals bloß als Zweck an sich selbst auftreten. Die Teufelin instrumentalisiert die Vernunft, was Horkheimer, Habermas und Apel wahrscheinlich auch so sehen. Das Wesen des Menschen ergibt sich daraus, Hexe zu sein, wenn man überhaupt noch von einem Wesen sprechen will, das evolutionär nicht mehr viel Bedeutung entwickelt.

*58. Die rechte oder die wilde Mitte.* Wenn die Lebenskünstlerin methodische Lebensführung wie Konsequenz meidet, wenn sie das Begehren treibt und es durchaus genießen und moderieren kann, wenn es ihr dabei nicht um Glück und Befriedigung geht, wählt sie dann immer den Mittelweg, der sie zwischen den Gefahren hindurchlotst? Den Mittelweg bzw. das rechte Maß empfiehlt bereits Aristoteles, was bei ihm keinesfalls die mathematische Mitte zwischen zwei Punkten darstellt. Die rechte Mitte beispielsweise zwischen Tollkühnheit und Feigheit ist Tapferkeit. Was wirklich und konkret ist, das hängt sowohl von der Situation als auch von den Betroffenen ab, die das selbst entscheiden müssen. Im Grunde gibt es keine abstrakte allgemeine Tapferkeit, sondern nur Menschen, die in bestimmten Situationen tapfer waren. Alle möglichen Organisationen, zumeist militärischer Art, versuchen jedoch tapfere Mitglieder zu züchten – gehört dazu auch Greenpeace? –, was auch zu gelingen scheint, wie hoch der Preis auch sein mag. Der Greenpeace-Aktivist wird genauso zum Abenteurer erklärt wie der US-Marine.

Bei der rechten Mitte handelt es sich für Aristoteles um das rechte Maß. Man darf unterstellen, dass er damit nichts Extremes, Anarchisches, Chaotisches und nichts Wildes meinte, sondern das Maßvolle, Wohltemperierte, Ausgewogene, das Wohlüberlegte, gar das Aristokratische – seit den Zeiten von Homer bis zu Lady Diana der notorische naturalistische Fehlschluss. Aristoteles lebte in einer Zeit, in der es sicher noch viel mehr Anarchisches gab als heute, wenn sich selbst die Hexen heute an die Gesetze halten und sich Staat und Gesellschaft unterordnen, oder gleich zu den ordentlichen Kommunisten gehen.

Ob Ausgewogenheit für die Lebenskünstlerin erstrebenswert erscheint, wäre zu bezweifeln. Nicht dass sie sich gar nicht an Aristoteles orientieren dürfte. Doch darüber, was in einer bestimmten Situation tugendhaft ist, entscheidet immer der Einzelne; das ist für die Hexe die interessante Pointe bei Aristoteles, und dass dazu jeder Athener Bürger in der Lage ist. Die Hexe ist somit die letzte Autorität für ihr eigenes Leben. Dergleichen dementieren Leo Strauss wie Charles Taylor, wiewohl beide sich häufig auf Aristoteles berufen.

Sicherlich können manchmal andere Menschen genauer beurteilen, was für jemanden möglich ist und was nicht, wenn man sich nicht traut oder sich notorisch für zu schlecht oder zu gut hält. Doch dabei handelt es sich um jeweils besondere Fälle, daraus lassen sich keine allgemeinen Regeln ableiten. Letztlich aber wählt die Lebenskünstlerin ihre Lebensform; weder Gott noch irgendeine menschliche Autorität besitzen die Macht, sie von ihren Interessen abzubringen.

So ärgert sich denn auch Strauss darüber, dass seit Thomas Hobbes jeder noch so törichte Mensch solche natürlichen Rechte hätte, und spricht von einem Naturrecht der Torheit. Das ändert indes nichts daran, dass auch die Toren Menschenrechte haben und die Verantwortung für ihr Leben tragen. Vielleicht sind ja die Toren die evolutionäre Weiterentwicklung des Menschen zu Nietzsches Übermensch hin. Allemal sind es Barbarinnen.

Durch diese individuelle Autorität über die ethischen Tugenden aber eröffnet die aristotelische Tugendlehre auch Spielräume, um die chaotischen und wilden Dimensionen jener Mitte auszutesten. Denn dadurch vermag die Nachtschwärmerin mit ihrer Liebe wie ihrem Leben zu spielen, sodass daraus neue Perspektiven entspringen. Innovativität und Kreativität beruhen immer auf der Fantasie von Individuen, die die Dunkelheit der Nacht und der Kerzenschein viel stärker beseelen als die strahlende Helle des Tages.

Gemeinschaften verwalten nur ihren Status quo. Dagegen verändern Hexen auch deren ethischen Horizont, beschleunigen die Evolution der Ethik, die Menschen verändern sich und ihre ethischen Orientierungen, just durch die Macht des Individuums über das, was Tugenden darstellen. Aus der rechten Mitte ergibt sich somit ein anarchisches Denken über Ethik, was die individuellen Lebensformen zu chaotisieren bzw. zu pluralisieren vermag. Die Individuen erfinden selten ihre ethischen Orientierungen. Doch indem sie diese anwendend wiederholen, entwickeln sie sie weiter, vor allem bedienen sie sich nach Belieben bei den ethischen Angeboten, die sie nach eigenem Gutdünken übernehmen und ausprobieren. Die rechte Mitte transformiert sich in die wilde Mitte, die der brave und theoretisch wenig anspruchsvolle Aristoteles bestimmt nicht meinte. Aber die ethischen Orientierungen verändern sich mit den ethischen Strukturen. Die antiken Menschen unterscheiden sich von den heutigen, sie sind nicht mehr dieselben Menschen. Deswegen waren sie nicht unsympathisch. Umgekehrt gab es damals den modernen Menschen noch nicht, der sich als Affe versteht. Seit den Zeiten des Moses, Sokrates und Jesus haben sich die Menschen dramatisch verändert. Dieser Entwicklung hechelt die Ethik so notorisch wie vergeblich hinterher.

Das kann man positiv oder negativ einschätzen. Doch es handelt sich um eine Interpretation von bestimmten Entwicklungen, die ohne diese Interpretation nicht einfach vorliegen, sondern von dieser Interpretation auch erzeugt werden. Nichtsdestoweniger beschreibt diese Interpretation bestimmte Sachverhalte und Perspektiven, die sich damit auch dem Widerspruch ausgesetzt sehen, nicht nur unterschiedlichen Bewertungen.

*59. Der unmündige Raucher.* Wenn das Allgemeinwohl bzw. das allgemeine Gute mit den Plänen der Lebenskünstlerin konfligiert, wird sie sich vom Allgemeinwohl abwenden, bzw. dieses durch ein barbarisches Denken revolutionieren. Ein Allgemeinwohl – das nicht primär das Wohl der Individuen im Auge hat, das sich primär um spätere Generationen kümmert, die niemals existieren, oder der Vision einer Gemeinschaft aufsitzt, die durchaus im Stile von Rousseau die Individuen zu ihren Gliedern zählt, diese dadurch aber nur als Teile des Ganzen ein Recht erhalten – eine solche Gemeinschaft vertritt die Interessen von Hexen in der Regel nicht, was Ausnahmen durchaus zulässt. Konsequentes Denken entspricht nicht den diversen Welten und Realitäten.

Diese Allgemeinheit kann sich auch nicht darauf berufen, sie würde das wahre Interesse vertreten, während Menschen, die das nicht akzeptieren wollen, blind, ihren Wünschen oder egoistischen Interessen knechtisch ausgeliefert, also unvernünftig sind, sodass die Gemeinschaft berechtigt erscheint, diesen Individuen eine favorisierte Lebensform aufzuzwingen, beispielsweise die heterosexuelle lebenswährende Monogamie mit Zwangsgeburten bei Schwangerschaften und zudem noch eine gesunde Lebensführung ohne Drogen. Dergleichen haben schon viel zu viele behauptet und probiert. Viele haben sich damit blutig durchgesetzt, nicht aber ihr Prinzip als ein allgemeines jemals realisiert. Es sind immer Gruppen die andere Gruppen mit bestimmten, sogenannten vernünftigen oder auch unvernünftigen Argumenten ausgrenzen, was letztlich nur die Interessen diskriminierender Gruppen demonstriert – eine durchaus gefährliche Vernunft, vor der man sich schützen muss! Gerade unternehmen Antiraucher einen solchen vernünftigen Versuch mit den Rauchern, die sie für unmündig erklären. Ob das wie die *Prohibition* scheitert, wird sich zeigen.

Die Zeitgenossinnen haben dagegen nicht nur eigene Rechte. Ihre Auffassungen muss man akzeptieren, und niemand ist berechtigt um welcher Allgemeinheit und vermeintlicher Gesundheit auch immer, die Barbarin zu übergehen, mögen ihre Auffassungen auch noch so abstrus erscheinen. Jeder hat ein Recht, eine eigene Vorstellung vom Guten zu entwickeln, sofern er damit andere nicht zwingen will, diese Vorstellungen zu übernehmen, was aber viele häufig versuchen und sich dabei nicht selten auf Gott, die Natur, die Menschheit oder heute auf die Gesundheit berufen. Vor solchen Zeitgenossen muss sich nicht nur die Nachtschwärmerin hüten. Niemand kann erwarten, dass andere seine Auffassungen vom Guten teilen, und sich dann beleidigt oder verletzt fühlen, wenn andere nicht nach seinen Prinzipien leben. Das ungeborene menschliche Leben stellt hier die Konfliktlinie dar, an der sich die Geister scheiden: christliche Ethik der Schwachen, die das Leben nur als beliebige Reproduktion begreifen und nur die Seele schätzen vs. einer hedonistischen Ethik der nächtlichen Lebenskunst, die sich auf das bewusste und lebendige, nicht auf das bloß vegetative Leben bezieht und die Seele nur als Teil des Körpers versteht.

*60. Trinken oder nicht Trinken: Das ist keine Frage.* So spielt die Nachtschwärmerin mit dem Begehren, lenkt es immer ein wenig ab und kontrolliert dabei ihre Neigungen und Begierden, was allemal Verzicht verlangt, also freiwillige Selbstbeschränkung bzw. Askese. Doch diese Askese dient nicht der Mäßigung, sondern ist dazu da, sich von den Begierden möglichst wild und chaotisch, anarchisch und hedonistisch treiben zu lassen, ohne in die Falle eines dienenden Lebens zu tappen. Wem das besonders schwer fällt, der sollte sich gegebenenfalls helfen lassen.

So darf sich die Lebenskünstlerin durchaus diverse Spleens erlauben. Wenn sie über genug Geld verfügt, kann sie dementsprechend einkaufen gehen. Das mag manchen schon als Sucht erscheinen. Problematisch und somit Sucht wird dergleichen erst, wenn man sich das nicht mehr leisten kann und trotzdem weiter einkauft. Doch was bei Konsum Sucht bedeutet, dafür gibt es kein objektives Maß. Das hängt von den Lebensumständen und den Plänen der Betroffenen ab.

Wer umgekehrt eine brotlose Kunst betreibt, der kann sich keine teuren Hobbys leisten. Er wird diese brotlose Kunst nur dann sein Leben lang verfolgen, wenn ihn der Verzicht nicht reut. Er sieht folglich die Vorteile dieses Verzichts, wie er nicht unbedingt keinerlei Luxus erlebt und gezwungen ist, ähnlich Diogenes in der Tonne zu wohnen. Mit letzterem darf er sich durchaus ein wenig trösten.

Nur die Hexe selbst weiß, wie viel Alkohol sie verträgt. Trinkt sie zu wenig, verschenkt sie einen Genuss, den Zustand des Berauschtseins. Trinkt sie zu viel, lallt und torkelt sie, wird Alkoholikerin, was sie besser den Männern überlässt. Manche Zeitgenossen pfuschen ihr dabei gerne ins Handwerk, beispielsweise ein Berliner Medienwissenschaftler, der sie hinter dem Herd sehen möchte und ein FAZ-Mitherausgeber, der sie zum Gebären drängt. Aber dergleichen totalitäre Zumutungen überhört sie einfach. Nein, die Reaktion marschiert nicht, wie jetzt vorschnell der eine oder andere Kommunist meinen könnte. Im Gegenteil, die Emanzipation der Frauen, Farbigen und Homosexuellen geht weiter unter dem Lamento der Rechten und der Traditionalisten.

Das Problem des Traditionalismus ist die Familie, die Verknüpfung von Beziehungen mit Kindern, die Indienstnahme der Lust für die Schwangerschaft. Im postfamilialen Zeitalter können sich diese Performanzen, diese Formen der Macht nicht mehr durchsetzen. Zwischenmenschliche Beziehungen bedürfen zu ihrer Legitimation keiner Kinder, sie sind vielmehr um ihrer selbst willen da – jedenfalls für die Nachtschwärmerin. *Der Gebrauch der Lüste* wie *die Sorge um sich* – um an diese zwei Foucault-Titel anzuknüpfen – besitzen einen individualethischen Eigenwert, der jede Gemeinschaftsorientierung übersteigt, beide dienen dem guten Leben, beide machen das Leben lebenswert. Familie und Kinder sind dazu nicht notwendig, vielmehr können sie hinderlich werden. Aber die Hexe lebt nicht für sich alleine, sondern immer mit anderen zusammen, für die sie verantwortlich ist, nicht allerdings für die diversen übergreifenden Gemeinschaften. Denn diese ergeben sich nicht von selbst, sondern verdanken sich Diskursen und Institutionen, an denen die Einzelne nicht unbedingt beteiligt ist, oder höchstens zwangsweise beteiligt wird. Ihre Verantwortung dafür erscheint eher gering, aber allemal befindet sie selbst darüber.

Dienen war jedenfalls die Tugend des 19. Jahrhundert,

als man die Gesellschaft als organische Gemeinschaft verstand, die man lenken dürfe. Sie transformierte sich im Laufe des 20. in eine Untugend, also in ein Laster. Die Nachtschwärmerin nimmt die Drogen, die ihr gefallen, lässt sich diese allemal nicht von Staat und Gesellschaft vorschreiben.

Es erscheint jedenfalls ziemlich sinnlos, Prinzipien um ihrer selbst willen zu reiten. Jedes Prinzip endet dort, wo es der eigenen Lebensführung schadet. Prinzipien sind dazu da, immer wieder verändert oder aufgelassen und durch andere ersetzt zu werden. Ja, sie verändern sich allein schon durch ihre Anwendung. Bestimmt geht es der Lebenskünstlerin nicht darum Lebenskünstlerin zu sein. Das darf sie auch auflassen, wenn ihr das nicht mehr gefällt. Zur Lebenskunst gehört auch der Abschied von derselben.

Ungeschickt erscheint dabei nur, wenn sie dann dem Gemeinspruch aufsitzt und ihr Leben als Lebenskünstlerin bereut. Sie darf eine traditionelle Rolle wählen oder Nichtraucherin werden, aber ohne auf ihr vorhergehendes Leben herabzublicken und andere zu belehren oder zu verachten, die ihr Leben als Hexen führen. Das ist besonders schwer, bestimmt doch – da hat Marx einfach recht – das Sein gemeinhin das Bewusstsein. Wenn man dem Gemeinspruch widerstreiten möchte, dann muss man auch versuchen, diese Behauptung von Marx zu widerlegen.

Abwärts wend ich mich / Zu der heiligen, unaussprech-
lichen / Geheimnisvollen Nacht – / Fernab liegt die Welt, /
Wie versenkt in eine tiefe Gruft / Wie wüst und einsam /
Ihre Stelle! /

*(Novalis, Hymnen an die Nacht)*

# VIII. Wie vermeidet sie äussere Einflüsse?

*61. Böse Eltern.* Um sich nicht von seinem Lebensweg abbringen zu lassen, muss man allerdings nicht nur lernen, mit den inneren Schwächen geschickt umzugehen. Man hüte sich vor äußeren Einflüssen, die versuchen, die eigenen Schwächen auszunützen. Allzu schnell landet man in denselben Lebensformen, die manche Eltern und Lehrer vorleben oder die Priester predigen. Das Modell der Ehe prägt deren Lebensform und durchkreuzt damit häufig die eigenen Vorstellungen der Barbarin. Die Ehe wird auch noch lange als weit verbreitete Lebensform existieren. Niedergänge provozieren gemeinhin Renaissancen. Zudem wählen Menschen gerne neue Wege und greifen dabei manchmal auf alte zurück, die ihnen eine gewisse Nostalgie vermitteln. Außerdem erfüllten sich viele Hoffnungen nicht, die die Menschen mit neuen Lebensformen zuvor verbanden. Dazu gehören allerdings auch Hoffnungen, die sich traditionellen Angewohnheiten verdanken und die notwendig enttäuscht werden. Dass es außerhalb der Ehe wahrhaftiger zuginge, davon träumten viele. Doch die Realisierung von Wahrhaftigkeit gehört zu den religiösen Illusionen.

Jedenfalls droht den Lebenskünstlerinnen um so mehr Ungemach durch ihre Eltern und ihre Familie, wenn die Einzelnen etwas naiv verliebt und vielleicht froh über einen akzeptablen Partner oder eine vorzeigbare Partnerin sind, und zugleich die Eltern eine Ehe ökonomisch ordentlich ausstaffieren. Da muss man von ökonomischen Vorteilen schlicht absehen und darf auch den Eltern keinen Gefallen tun. Denn diese meinen es durchweg nicht gut, sondern nur gut im Sinne ihrer Vorstellungen vom guten Leben, das da Ehe und Familie heißt, die sie entweder selbst mühsam durchgestanden haben, oder an der sie gescheitert sind. Nun erwarten sie die Erfüllung ihrer Träume von ihren Kindern und sponsern dergleichen nach Kräften. Da haben jene Eltern Glück, nicht in Versuchung geführt zu werden, denen das nötige Kleingeld fehlt. Insofern darf man den Eltern selbstredend Absagen erteilen, die Nachtschwärmerin widerstreitet elterlichen Einflussnahmen. Sie muss ihre nächtliche Kunstfertigkeit selbst entwickeln, kann sich dabei durchaus finanzieller Hilfen bedienen – wenn sie nichts kosten, wiewohl sie die Lebenskunst nicht gerade herausfordern –, kann sich ihr Leben aber keinesfalls von Eltern organisieren lassen. Das ist dann bestimmt keine Lebenskunst mehr. Wer sich bevormunden lässt, bleibt zwar dafür verantwortlich, dass er sich bevormunden lässt, aber man gestaltet sein Leben nicht mehr selbst und trägt für das fremdgestaltete Leben trotzdem die Verantwortung.

Immerhin scheitern alle solche Bemühungen, die Kinder in den Hafen der Ehe zu locken, auch gerne an der Realität, dass die Ehen nun mal nicht mehr stabil sind und es insofern unsinnig ist, in sie zu investieren. Die Realität befreit dann von den Zwängen der Tradition, die zunehmend an den Realitäten zerschellt, die Tage an den Nächten. Trotzdem können dadurch Lebenspläne zerstört werden, da man auf gewisse Lebenswege später kaum noch einschwenken kann. Auch aus diesem Grund – natürlich auch, um keine Zeit zu vertrödeln – darf man sich von den Eltern nicht ablenken lassen.

Sollte man es doch nicht vermieden haben, dann bleibt gar nichts anderes als ein späterer Neustart unter schlechteren Bedingungen. Manche erfüllen sich ja ihre Träume als Rentner. Doch man kann in der Tat nicht alles nachholen; wir leben in einer Arbeitsgesellschaft, in der vornehmlich die Professionals und kaum die Amateure Beachtung finden.

*62. Mit Geld nicht umgehen können.* Das Modell des pflichtbewusst Arbeitenden prägt allemal noch die Berufsvorstellungen und verschmutzt damit häufig die eigenen beruflichen Ideen von Kreativität, von politischer Partizipation oder auch Ökologie. Denn die Lebenskünstlerin erweist sich als durchaus politisch aktiv im Sinne einer partizipierenden Bürgerin, die sich bestimmt nichts gefallen lässt, gegen manches Großprojekt nur dann protestiert, wenn es ihr persönlich politisch sinnvoll erscheint. Engagements in unterschiedlichen Richtungen liegen ihr durchaus nahe. Sie entwickelt gerne Lebensformen, die sich an ökologischem Denken orientieren. Sie darf aber natürlich auch politikverdrossen sein, wenn sie das politische Spiel langweilt, weil es sich doch ständig wiederholt, was für die Akteure nicht weiter schlimm sein mag, aber für die Zuschauer unersprießlich wird.

Den Standardmodellen ökonomischer Lebensführung entzieht sich die Lebenskünstlerin soweit möglich in die Dunkelheit der Nacht. Denn mit ihnen verbindet sich jedenfalls ein Kanon von Lebensregeln, die man befolgen soll, damit man ein nützliches Glied der Gemeinschaft wird oder um einen maximalen privaten ökonomischen Nutzen daraus zu ziehen, der wiederum der Wirtschaft insgesamt dient.

Den Einzelnen nützt der Dienst am Ganzen angeblich, da sich die anderen genauso verhalten. Doch erstens muss man kein nützliches Glied der Gemeinschaft sein. Es reicht völlig, nur für sich selbst da zu sein, die Hexe führt ihr Leben als Zweck an sich selbst. Zweitens ist mehr als fraglich, ob die diversen Gemeinschaften und deren jeweiliges Gemeinwohl – das Wohl des Staates, der Gesellschaft, der Klasse, des Vereins, der Freunde oder der Familie – wirklich den Einzelnen ihrerseits nützen. Häufig nützt das immer nur wenigen, während die meisten darunter leiden, was natürlich letztlich eine Frage der Interpretation bleibt.

Der Mensch aus der Perspektive der Lebenskunst ist jedenfalls kein Diener, nicht des Vorstandsvorsitzenden, nicht der Präsidentin. Seine Ehre heißt allemal nicht Treue. Vielmehr wechselt er während seines Lebens durchaus häufiger Positionen und Seiten, übt sich immer wieder mal in neue Vokabulare ein, die seine Perspektiven auf die Welt anarchisch vermehren. Die Nachtschwärmerin nimmt an allen Dimensionen der Welt teil, aber nicht gemäß von Vorschriften, gar obersten Geboten, sondern aus eigener Facon, wie sie es für richtig hält. Den Einfluss der Umwelt versucht sie dabei denkbar gering zu halten, wiewohl das schwerfällt. Es gibt ja manchmal spannende Bewegungen – man denke an 1968. Daran teilgenommen zu haben, hat viele auf wüste Abwege gebracht, nicht wenige sogar in den Untergang geführt. Nicht daran teilgenommen zu haben, bedeutete aber Angepasstheit an eine Umwelt, die den einzelnen Lebensformen und deren Regeln vorgibt. Sich an einer Revolution oder Revolte vornehmlich geistig und emotional bereichert und dabei viel erlebt zu haben, ohne sich zu viel zu vergeben, das heißt Lebenskunst.

Jedenfalls geht die Lebenskünstlerin gewisse Risiken ein, die sie selbst weiterbringen und vielleicht dabei dem Gemeinspruch widerstreiten. Die Nation oder der Sozialismus, von der Religion ganz zu schweigen, fordern von der Anarchin ja auch Opfer und hohe Risiken. In der Privatsphäre sollen sich die Individuen nach alter Ideologie möglichst brav, fleißig, sparsam, keusch und sittlich verhalten, mögen die Spielräume heute auch erweitert sein. In den Schützengräben müssen sie jedes Risiko im Dienst des Vaterlandes eingehen und beim Angriff ins feindliche Maschinengewehrfeuer stürmen: der Vorlauf zum Tod. Dergleichen hat sich zwar im Zeichen der Abschaffung der Wehrpflicht etwas gemildert bzw. die Kriege haben sich verlagert. Nichts versichert, dass sie nicht wieder nach Europa zurückschwappen. Dann sollte es so viele Hexen geben, dass es schwierig wird, opferbereite Untertanen zu finden. Wer sich bei der Armee drillen lässt, muss danach Lebenskunst erst (wieder) lernen. Aber warum sollte das nicht möglich sein?

63. *Biokost vom Aldi.* Wenn sie sich allemal auf dieses Spiel von Eltern, Politikern und Ökonomen nicht einlassen will, dann bleibt der Nachtschwärmerin allerdings nichts anderes übrig, als nach eigenen Werten und Orientierungen zu suchen. Zwar schreiben heute alle Parteien das Thema Ökologie auf ihre Fahnen. Doch aufgebracht haben es in den siebziger und achtziger Jahren die Bürgerinnen, die sich bis heute ökologisch orientieren, wie es die neuerlichen Anti-Atomkraft-Initiativen demonstrieren. Ökologische Lebensformen wurden zunächst weder von den Kirchen noch von den Parteien

oder den Gewerkschaften angeboten, wiewohl alle auf diesen Zug später aufsprangen. Doch viele Lebenskünstlerinnen haben unterschiedliche ökologisch orientierte Lebensformen entwickelt, mit denen sie sich häufig in eine Naturordnung einklinken möchten, allemal aber aus den gesellschaftlichen Erstarrungen lösen.

Schon damals und auch heute erwächst daraus eine Moral, die die Individuen wieder dem Gattungsinteresse unterordnet. Natur und Ganzheit funktionieren als Zauberworte, die der Hexe suggerieren, es bestünde eine Option des Einklangs zwischen ihr und der Natur. Damit begibt sie sich zwar auf illusionäre Pfade. Nichtsdestoweniger bleibt in diesem Bereich auch noch vieles Individuelles zu leisten, sodass man die damit verbundenen Verführungen in den Hintergrund schieben kann. Jedenfalls ist man diesen nicht hilflos ausgeliefert. Wenn die gängigen Lebensmittel ungesund erscheinen, züchtet man entweder selbst gesunde in seinem Garten oder kauft sie im Biomarkt. Wenn der Staat die Sicherheit des Lebens der Bürger nicht mehr gewährleistet – und dazu gehört heute insbesondere die Gesundheit –, dann befindet man sich im Sinne von Thomas Hobbes im Naturzustand und die Einzelne sieht sich gezwungen, ihr Leben selbst zu schützen. Wenn sich in Ägypten die Polizei während der Unruhen zurückzieht, bilden die Bürger Wehren, um ihre Viertel zu verteidigen.

Heute springen ja nicht nur Parteien, sondern ganze Staaten auf den ökologischen Zug auf. Allzu bereitwillig übernimmt der Nationalstaat ökologische Perspektiven, was ihm neuen Glanz verleihen soll. Denn auf diese Weise versucht der untergehende Nationalstaat wieder an Bedeutung zu gewinnen, und zwar unter der Devise: Wir achten mehr als die anderen Länder auf die Umwelt.

Daraus müssen nicht gleich Umweltkriege entspringen. Aber ökologische Verwüstungen haben immer schon Kriege nach sich gezogen. Vor allem bedienen sich Nationalstaaten ökologischer Ethiken, um die Individuen wieder dem nationalen Interesse unterzuordnen, um deren individualistische Orientierungen wieder aufzuheben. Was lässt sich ökologisch verbrämt nicht alles verordnen, um dabei die Steuern zu erhöhen, sodass die Macht des Staates anwächst und dieser zugleich moralisch erscheint?

Dagegen besitzt die Ökologie auch eine individuelle Dimension. Man kann sich ökologisch um seiner selbst willen verhalten, nicht um die Umwelt zu retten, die niemand von den Kindern geborgt hat, die noch nicht existieren, von denen man nichts borgen kann, denen man höchstens etwas Unschönes hinterlässt, was viele Nachtschwärmerinnen ja auf doppelte Weise zu vermeiden trachten, nämlich durch ökologische Orientierungen, die Pille und die Abtreibung. Die Menschheit wird irgendwann aussterben.

Vielmehr möchte die Lebenskünstlerin eine vielfältige Umwelt aus ästhetischen Gründen erhalten, sei es, um sie in den Ferien zu genießen, sei es, um in ihr zu wohnen. Dazu gehört, dass man Tiere und Pflanzen schützt – eine Aufgabe, für die sie sich durchaus engagiert. Das Motiv darf selbstverständlich auch Mitleid sein, d. h. ein eigenes Gefühl, das die Lebenskünstlerin entwickelt, das sie in letzter Instanz um ihrer selbst willen und nicht um der Natur willen motiviert, weil sie selbst mit leidet.

Sie möchte gesunde Nahrungsmittel zu sich nehmen, um damit ihre eigene Gesundheit zu sichern – ein heute immer stärker um sich greifendes Argument. Man kauft Bio-Lebensmittel nicht, um sich beispielsweise nicht an den Tiertransporten zu beteiligen oder um die Natur zu schonen. Man hat also gar nichts gegen konventionelle Landwirtschaft, zieht nur höchstpersönlich andere Lebensmittel vor.

Man möchte aus gesundheitlichen Gründen keinen Umweltrisiken ausgesetzt sein, der Strahlung von Atomenergie, ihren Gefahren, landwirtschaftlichen Giften, den Abgasen des Verkehrs und im ganz Kleinen – wo jeder ein Held sein kann – dem Zigarettenrauch der Mitmenschen, denen man Verantwortungslosigkeit gegenüber anderen und der Gemeinschaft vorhält, weil sie ungesund leben. Allerdings versteht sich das gesunde Leben nicht von selbst als Wert und als Ziel – schon gar nicht im Sinne der Lebenskunst. Auch die hedonistische Ethik entfaltet Schattenseiten.

Allemal trifft sich im Bereich der Ökologie die Ethik des Individuums wie die von Gemeinschaften, sie konkurrieren miteinander oder gehen Bündnisse ein. Manchmal engagiert sich die Lebenskünstlerin für die staatliche Umweltpolitik, um zu verhindern, dass sich Umweltschäden ausbreiten, die ihr eigenes Leben wie das ihrer Lieben gefährden würde. Manchmal engagiert sich die Hexe für andere ihr unbekannte Menschen: Altruismus, weil es Spaß macht im Stile des Schiller-Gedichts über Freunde, aber nicht aus Demut, nicht aus Sündenkompensation und schon gar nicht, um andere zu bevormunden, sondern schlicht um zu helfen.

Wahrscheinlich ist das unmöglich, da es ein reines Handeln im Stile einer protestantisch reinen Vernunft wäre, während sich die Nachtschwärmerin doch lieber im Unreinen aufhält. Jochen Hörisch schreibt in seiner *Kritik der unreinen Vernunft*: »Es ist kein Zufall, dass es vor allem Dichter waren, die den Siegeszug reinen Denkens mit unreinen Zwischenrufen begleitet haben. (…) Literatur ist nicht auf reine Analysen aus. Sie analysiert vielmehr, indem sie von unreinen Verstrickungsgeschichten, etwa von den Affekten, die in der Vernunft stecken, oder eben auch von der Vernunft, die in den Idiosynkrasien steckt, berichtet.«[48] Just derart Dunkles der Nacht liebt die Anarchin, nicht die Reinheit des hellen Tages. Nur lässt dessen Klarheit leider nicht sehen sowenig wie handeln, sondern schließt die Geblendeten an Denk- und Handlungsschematismen an. Will die Hexe selbst sehen, für sich selbst, ihren eigenen individuellen und widerspruchsvollen Verstand schärfen, so braucht sie das Licht der Sterne oder des Morgengrauens.

Nietzsche preist den Egoismus als Tugend in einer Welt militärischer Unterordnung und der diversen großen Systeme. Im Rücken der Liberalisierungen der letzten Jahrzehnte sind indes neue Diskurse entstanden, die die Zeitgenossinnen einbinden, allen voran das Gesundheitswesen und der Generationenvertrag, das Sicherheitsdenken und als letztes die Ökologie, die alle drei abrundet. Es verwundert nicht, wenn die Barbarinnen diesen Diskursen gegenüber wieder den Egoismus in Stellung bringen – und zwar ohne das zu verkünden. Noch herrscht die Ethik der Schwachen vor, sodass man seine eigenen Interessen verheimlichen muss.


64. *Die Alte in der Krippe.* Auf jeden Fall ergreifen die Individuen nicht nur ökologisch eigene Initiativen, die soziale Entwicklungen anschieben, manchmal auch bremsen. Keinesfalls aber propagierten Institutionen wie Kirchen, Parteien, Gewerkschaften oder Parlamente die Auflösung der Familie, die Promiskuität, neue Lebensformen von

der Single-Existenz über die selbstständige Frau bis hin zu Wohngemeinschaften, Kommunen, Alleinerziehenden, allemal Patchworkexistenzen. Dergleichen bekämpfen diese Institutionen zunächst regelmäßig und viele Jahre hindurch und heute oft immer noch. Manche Blockwarttypen helfen dabei begeistert mit. Doch der Kampf der katholischen Kirche gegen Abtreibung, für die Familie oder gegen die öffentliche Anerkennung der Homosexualität erscheint mehr als aussichtslos. Im schlimmsten Fall transformieren sich Blockwarte in Terroristen, die Attentate auf Abtreibungsärzte, Afrikaner oder Schwule verüben.

Die Lebenskünstlerin intensiviert derart diverse Aktivitäten und seither hecheln viele Institutionen, vor allem Parteien diesen Entwicklungen hinterher – man denke an die Schwulen-Ehe. Nicht alles davon wird von allen begrüßt. Viele leiden darunter. Aber wenn man den Staat wieder die Schlafzimmer kontrollieren und die Scheidungsmöglichkeiten einschränken ließe, würden das die meisten als Zumutung empfinden. Manche gingen dann auf die Straße und andere ins Ausland. Man lässt sich doch gerne scheiden, ist froh, dass man bei einem Partner, den man irgendwann vor langer Zeit mal gut fand, nicht bleiben muss.

Als man sich im 18. Jahrhundert in Frankreich nicht scheiden lassen durfte, hatte Denis Diderot eben jahrzehntelang eine Geliebte, was seine fromme Frau natürlich erzürnte – so Philipp Blom in *Böse Philosophen*. Seine Tochter verbrannte denn auch nach seinem Tod alle Briefe der Freundin an ihn, während deren Mutter die frühen Briefe Diderots vernichtete. Eine andere Freundin Diderots, die Gräfin Louise d'Épinay, war jahrzehntelang mit dem Aufklärer Melchior Grimm liiert. Auch d'Alembert war mit seiner langjährigen Freundin nicht verheiratet, sodass die aufgeklärte Welt des Pariser Salons im 18. Jahrhunderts sicherlich die Auflösung der Familienstrukturen und die Suche nach neuen Lebensformen antizipierte. Sartre, de Beauvoir, die Achtundsechziger und die Frauen setzen das nur fort.

Marxisten unterstellen gerne, dahinter stecke der böse Kapitalismus, weil dieser dergleichen Verhaltensänderungen gebrauchen könne. Aber warum sollten die Zeitgenossinnen mit dem Kommunismus und nicht mit dem Teufel paktieren, wenn sich mit teuflischer Hilfe Entwicklungen beschleunigen, die ihnen nützen? Der Teufel ist auch ein Mensch wie der liebe Gott und wahrscheinlich eher nachts und vor allem bei Lust und Liebe zu gebrauchen. Die Hexe will gar nicht, dass Heiner Geißler zwischen beiden vermittelt. Sie liebt vielmehr den Dissens und die Konflikte, da sich in deren Nischen weitere Patchworkexistenzen entwickeln lassen. Soll man um der Liebe und der Kinder willen etwa auf Mobilität und Flexibilität verzichten, d. h. auf die Entfaltung des eigenen Lebens? Allerdings wollen sich manche immer noch in der Liebe entfalten. Hier läuft durchaus eine harte Konfliktlinie. Die Liebe kann aber auch nur erhalten werden, sollte man das wünschen, wenn man in der Lage ist, sie zu pflegen, wozu man Gestaltungsmächtigkeit braucht. Um also die Lebenskunst zu vermeiden, braucht man die Lebenskunst. Trotzdem ist nicht jede Zeitgenossin, ja nicht mal jede Hedonistin eine Lebenskünstlerin.

Statt Nächstenliebe fordern denn immer noch viele den Kommunismus. Dieser ist nicht weniger böse als Christentum oder Kapitalismus, jedoch umso erfolgloser, was ihn nicht sehr attraktiv erscheinen lässt. Der

Sozialismus ist sicherlich harmloser. Aber auch Helfersyndrome entfalten keine Erotik. Trotzdem spielen Christentum und Kommunismus derart zusammen, dass heute die demenzkranke Pflegebedürftige statt dem kleinen Knirps in der Krippe liegen sollte – wie es Heribert Prantl, in der *Süddeutschen Zeitung* anlässlich Weihnachten 2010 für die alternde Gesellschaft skizziert. Man muss jetzt hier gar nicht an die Missbrauchsfälle von Kindern denken. Aber wird die Alte dieselbe öffentliche und mediale Aufmerksamkeit erregen wie das göttliche Kind? Mindestens müssen wir die Pflegebedürftige dann noch etwas stylen, damit sie mit der Attraktivität des Kindes zu konkurrieren vermag.

Mobilität und Flexibilität sind rein aus ökonomischen Gründen sicher eine Last. Doch deren Einschränkung wäre in noch größerem Maße eine Beschneidung der individuellen Entfaltungsmöglichkeiten, die natürlich auch dem Kapitalismus dienen. Will man sein Leben lang unbedingt in derselben Firma oder im Sozialismus arbeiten? Womöglich im langweiligen gerechten, in dem wirklich alle dasselbe verdienen?

Die meisten möchten in einem netten Arbeitsumfeld den Job ausüben, den sie gelernt haben. Aber manche wollen um der Familie willen nicht umziehen. Doch der postmoderne Mensch ist nicht mehr sesshaft. Das war der Mensch des Mittelalters, der noch in die Fabriken des frühen Kapitalismus strömte, der seinen metaphysischen wie familiären Komfort erhalten wollte. Er hatte offenbar nichts anderes gelernt und merkte nicht, dass er sich dabei selbst zu einem Rädchen im Getriebe reduzierte. Doch das Nomadentum hat sich längst ausgebreitet. Die Nachtschwärmerin kann ihren Komfort nur dann erhalten, wenn sie nomadisch lebt und sich nicht in die Sesshaftigkeit drängen lässt: Man muss nicht dem Kommunismus dienen. Man darf auch dem Kapitalismus dienen, wenn es den gegenseitigen Nutzen fördert. Und für den Kommunismus in China fällt dabei auch noch etwas ab.

Die Lebenskünstlerin verbindet nicht mehr viel mit den Bauern des Mittelalters oder mit dem Stammesleben der Antike. Aus und vorbei. Sie folgt nicht mehr denselben ethischen Werten und auch nicht denselben Lebensformen. Sie hat die Werte der Morgenröte umgewertet und das Leben umgeformt, und zwar beim nächtlichen Versuch, dem Gemeinspruch zu widerstreiten. Die Nachtschwärmerinnen sind daher nicht mehr dieselben Menschen wie Moses, Sokrates, Christus oder Mohammed. Deren Regeln und Traditionen gelten nicht mehr für sie. Sie hat sie hinter sich gelassen, geht über sie hinaus. Das stellt keinen Fortschritt, sondern eine Art Evolution dar, die nur für die Hexe gilt, nicht für die Vertreter der Tradition. Sie versteht sich nicht mehr als Mensch, sondern als Verkünderin des Übermenschen.

65. *Die monogamen dummen Gänse.* Wer in den siebziger Jahren sein Leben außerhalb der Familie oder ökologisch gestalten wollte, der durfte sich jedenfalls lange nicht vom Mainstream veröffentlichter bzw. gängiger Meinung beeinflussen lassen. Der Asket hat dabei weniger Probleme, wenn er sich an seine Prinzipien hält. Diejenige, die gemäß eigener Vorstellungen Neuland betritt, braucht dagegen viele Informationen und darf sich grundsätzlich weder von ihrer Umwelt noch von der Tradition beeindrucken lassen.

Natürlich braucht die Nachtschwärmerin andere Menschen. Sie lebt nicht allein. Auch die Anarchin ist abhängig von den Urteilen ihrer Mitmenschen, ohne die sie über sich selbst nicht genug weiß. Doch sie lässt sich nicht blind weder von der Traditionalistin noch von der Hexe in die Verantwortung rufen. Sie beurteilt vielmehr selbst, in welchen Abhängigkeitsverhältnissen sich die anderen befinden. Die Lebenskünstlerin hält sich, weil sie die Teufelin braucht, von dieser fern, d. h. sie kontrolliert selbst ihre Bedürfnisse. Sie bedarf somit der Askese zur Entfaltung ihrer selbst, nicht um der Verantwortung und nicht um der Solidarität willen.

Vom Asketen lernt sie dabei eine kritische Distanz gegenüber der Umwelt, der armen wie der reichen, allemal der öffentlichen und ein gewisses, zumindest punktuelles Maß der Unterdrückung eigener Neigungen. Manchmal bleibt nichts anderes, als sich von Gewohnheiten zu verabschieden und zu probieren, ob sie nicht auch ohne Auto zurecht kommt, wenn sie sich umweltfreundlich verhalten möchte oder auch nur ein bequemeres Leben sucht, das sich nicht um Autos kümmern mag. Die Askese steht somit im Dienst der Lebenskünstlerin selbst, nicht im Dienst der Rettung der Biosphäre. Diese rettet sie sowieso nicht und vor deren Zusammenbruch fürchtet sie sich gerade nicht, wie es Hans Jonas ihr eingeben möchte. Sie kennt nur eine Furcht: ihr Leben nicht mehr nach eigenen Vorstellungen führen zu können.

Ihr Leben nach den Wünschen anderer zu leben, das widerstrebt ihr allemal. Ein Leben lang das Klima retten, ein solches Leben wäre nicht der Mühe wert. Insofern tritt die Lebenskünstlerin dann für Nachhaltigkeit ein, wenn es dabei darum geht, grundsätzlich so weiter zu leben wie bisher, genau das, was radikale Ökologen ärgert, die wie Augustin oder Savonarola die Menschen dazu auffordern, ihr Leben zu ändern: ›Kehret um, sonst werdet ihr untergehen!‹ Wie gesagt, hegemoniale Ideologien gehören nicht zur Lebenskunst. Und nicht nur die Hexe geht immer nur alleine unter, es sei denn sie sitzt mit ihren Geliebten gerade im abstürzenden Flieger, befindet sich offenbar zum falschen Zeitpunkt am falschen Ort.

Die Lebenskünstlerin darf sich sexuell nicht allzu sehr antreiben lassen, wenn sie nicht Sklave ihrer Lüste werden möchte, wodurch man allzu leicht dann nicht mehr Sklave der eigenen Lüste wird, sondern der des Ehepartners, der Kinder oder der Familie, vom Vaterland ganz zu schweigen, dessen Bevölkerung die Frau vermehren soll, anstatt sich in den Nächten zu verlieren. Doch die Anarchin will nicht monogam wie die Gänse leben, die schließlich auch den Beinamen ›dumm‹ ihr eigen nennen. Ohne Askese, ohne Kontrolle der eigenen Lüste, kann sie indes ihre Lüste nicht gebrauchen, sondern lässt sich von ihnen verführen. Dazu ist die Hexe zwar gerne bereit, aber trotzdem möchte sie die Kontrolle darüber wahren, damit sie nicht dem Gemeinspruch aufsitzt.

66. *Die Reu' ist kurz, die Lust kehrt wieder.* Würde sie folglich Nietzsche zustimmen, wenn dieser im *Zarathustra* dichtet?

»Oh Mensch! Gib Acht! / Was spricht die tiefe Mitternacht? / ›Ich schlief, ich schlief –, / ›Aus tiefem Traum bin ich erwacht: – / ›Die Welt ist tief, / ›Und tiefer als der Tag gedacht. / ›Tief ist ihr Weh –, / ›Lust – tiefer noch als Herzeleid: / ›Weh sprich: Vergeh! / ›Doch alle Lust will Ewigkeit –, / ›– will tiefe, tiefe Ewigkeit!‹«[49]

Nein, so naiv wäre nicht mal eine Hedonistin. Wahrscheinlich kannte der andauernd kranke Nietzsche, obendrein Pfarrerssohn, Lust überhaupt nicht. Sonst hätte er dergleichen nicht geschrieben. Das klingt schließlich nach einer massiven christlichen Restmetaphysik: Als gäbe es Lust im Paradies! Nein, nur Langeweile, denn jede Spannung verfliegt nach kürzester Zeit. Lust auf Dauer gestellt hebt sich selbst auf, wird zum Normalzustand, auf den man gerne verzichtet, wie die Nachtschwärmerin auf das normale Leben. Lust braucht die Abwechslung, die Unlust, das Stakkato von Lust und Unlust, den Entzug der Lust, der zieht. Mit der Lust kann man sich nicht einrichten. Selbst ein fortgesetztes Stakkato verfiele der Langeweile. Also entsteht Lust nur, wenn selbst dieses Stakkato in sich unterbrochen wird. Lust lässt sich nur immer wieder provozieren, was auch nicht zu häufig stattfinden darf. Wie es zuviel des Champagner gibt, so gibt es auch zuviel Gebrauch der Lüste. Deshalb haben manche religiösen Attitüden eine hoch erotische Faszinationskraft, wie die verschleierte Muslimin.

Den Gemeinspruch versucht die Hexe denn auch nicht in sein Gegenteil zu verkehren, eine lange Lust und eine kurze Reue. Die Lust blitzt immer nur auf, kann also gar nicht lange dauern. Die Teufelin versucht nur, diese möglichst häufig wiederkehren zu lassen, und zwar genau so häufig, dass die Lust nicht an Attraktivität verliert. Hedonismus stellt eine schwierige Angelegenheit dar, die sehr viel Reflexion, Geschicklichkeit, Klugheit, insgesamt Lebenskunst benötigt, demgegenüber die Untertanenethik mit ihren Codes eine vergleichsweise einfache Angelegenheit ist – sicher einer der Hintergründe für ihren historischen Erfolg, nicht nur beim Volk, auch bei den Eliten, die sich schließlich auch nicht aus besseren Menschen zusammensetzen, die manchmal noch mehr Halt benötigen, weil ihre Fehler weitreichendere Konsequenzen nach sich ziehen. Deshalb suchen viele Mitglieder der Eliten Sicherheit in der Religion, gerne auch in Sekten wie Scientology. Lebenskunst wäre ihnen zu mühsam und ungewiss.

Jedenfalls versucht die Hexe die Reue zu verkürzen oder, wenn möglich, ganz aufzuheben. Reue entstammt dem christlichen Sündenbewusstsein, das sich zu einem erklecklichen Teil auf die Sexualmoral bezieht. Für die Barbarin gibt es jenseits religiöser Orientierungen keine Sünde mehr, höchstens Verbrechen, die dem Täter Gewissensbisse machen, die es allerdings primär staatlich zu sanktionieren gilt. Etwas gegenüber Gott zu bereuen, eine solche Reue spielt in der Lebenskunst keine Rolle mehr. Das gehört gegebenenfalls zur Religion der Teufelin, die wirklich keine Atheistin zu sein braucht.

Man bereut etwas gegenüber sich selbst, beispielsweise Kinder in die Welt gesetzt zu haben. »Hätte ich das damals gewusst, hätte ich (dich) wohl abgetrieben«, erhält Cioran als Antwort von seiner Mutter, als er 1931 im 6. Semester Literatur und Philosophie studierend, sich völlig verzweifelt und lebensüberdrüssig auf das Bett wirft und ruft: »Ich kann nicht mehr weiterleben, ich halte es einfach nicht mehr aus.«[50] Warum ist man nicht Künstlerin geworden? Oder man bereut etwas gegenüber anderen, wenn man jemanden verletzt hat. Der Gemeinspruch bezieht sich auf den ersten Fall: Man bereut etwas, weil man sich selbst Schaden zufügte. Just das aber versucht die Hexe zu minimieren. In einer Welt, in der das Individuum auf sich selbst gestellt ist und sein Leben verantwortet, aber auch verunstalten kann, kommt es darauf an, jene Folgen des eigenen Handelns zu vermeiden, die man bereut. Das ist ein entscheidendes Beurteilungskriterium und dient als Grundlage jeder Form der Askese und der Selbstbeschränkung.

*67. Ludwig Erhard für Junkies, Alkies und Dicke.* Wer sich sein Leben nicht von staatlichen oder halbstaatlichen Institutionen vorschreiben lassen möchte, der entwickelt heute vor allem Skepsis gegenüber dem Gesundheitswesen, das sich schließlich ständig und überall in das individuelle Leben einmischt und vom Staat dabei fleißig unterstützt wie benutzt wird: man denke an die Antrittsuntersuchung, die man als selbstverständlich hinnimmt. Erst mit der drohenden Genetik begreift man, dass das Gesundheitswesen zu einem umfassenden Lenkungsinstrument avanciert, das die Menschen an eigener Entfaltung hindert, ihnen beispielsweise Berufsperspektiven verbaut, oder ihnen Drogen aller Art ausreden möchte.

Oder man lässt sich sein Leben von Vorsorgeuntersuchungen diktieren. Viele Zeitgenossen vertrauen in der Tat nicht auf das eigene Urteil, sondern bedürfen der Bestätigung durch einen Arzt, dass sie gesund sind. Das ist allerdings ein Fall von krasser Entmündigung. Aufklärung wäre dagegen der von Kant bestimmte ›Ausgang aus der selbstverschuldeten Unmündigkeit‹. Denn sich in dieser Form entmündigen zu lassen, stellt durchaus einen freiwilligen Akt dar. Die Hexe wird sich jedoch dergleichen Entmündigung nicht gefallen lassen. Sonst führt sie ihr Leben nach fremden Vorgaben. Jedenfalls geht sie nicht zum Zahnarzt, um später den Zahnersatz billiger zu bekommen. Lebenskunst ist in der Tat entweder nicht ganz billig, oder sie verlangt nun mal einiges Geschick, die eigentliche Kunst zu leben.

Aber auf die Medizin verzichten kann die Anarchin nur dann, wenn sie freiwillig so lebt, dass sie nicht ständig Medizin braucht, sich also freiwillig selbst beschränkt, nämlich nicht zu viel isst, trinkt, raucht, vielmehr auf Risiken achtet und sich genug bewegt. So einfach ist das. Manche Lebenskünstlerin kriegt nicht mal das hin. Aber Scheitern gehört auch zur Lebenskunst. Dann wird der Gescheiterte wohl den Arzt aufsuchen und die Medizin an die Stelle der Lebenskunst treten, was sie üblicherweise überall probiert. Ärzten und Gesundheitsfunktionären wäre es sicherlich lieber, die Zeitgenossinnen ließen die Lebenskunst überhaupt bleiben und folgten stattdessen den Vorgaben des Gesundheitswesens, sodass endlich eine wohlgeordnete Gesellschaft entsteht.

So diente denn der Sport vor einem halben Jahrhundert noch primär der Volksgesundheit. Das stellen sich denn auch die Gesundheitsfunktionäre immer noch so vor und möchten damit vor allem die Kosten senken, um das System für die Arbeitgeber attraktiver zu gestalten. Doch heute fördert der Sport vornehmlich das Wohlsein der Einzelnen, hilft ihnen – jedenfalls dann, wenn Sport auch Spaß macht –, das eigene Leben nicht nach den Vorschriften der Ärzte gestalten zu müssen, d. h. schlicht weniger krank zu werden.

Dazu ist allerdings ein Selbstbewusstsein notwendig, das sich nicht ständig nach dem Rat des Arztes sehnt, das diesen vielmehr möglichst selten in Anspruch nimmt. Wenn überhaupt, begegnet sie dem Arzt auf Augenhöhe und nicht als Leidende, begreift diesen als ihren Berater, dessen Ratschläge sie gelegentlich zur Kenntnis nimmt, denen sie aber nicht unbedingt folgt. Patientin sein heißt, sich in der Lage der Leidenden zu befinden. Als Leidende versteht sich die Lebenskünstlerin grundsätzlich nicht, nicht mal dann, wenn sie an etwas leidet. Um folglich nicht Patientin zu werden, nimmt sie gewisse Risiken in Kauf.

Aber natürlich wird man weder auf das Essen noch das Trinken, noch das Rauchen und nicht auf alle anderen Drogen verzichten, so wenig wie auf den Gebrauch der Lüste im Zeitalter von Aids oder auf den Genuss von Kunst und Musik im Angesicht einer nach Hegemonie strebenden Ökonomie. Da entgingen der Lebenskünstlerin doch diverse Formen des Rausches, auch der orgastische. Solcher Arten Rausch gehören für sie konstitutiv zum Guten, somit zum guten Leben. Das Gute kann im Sinn der Lebenskunst ohne den Gebrauch der Lüste gar nicht gedacht werden. Dabei umgarnt und erhöht der Geist diese Lüste einerseits – durch Kunst und Musik – und organisiert er sie andererseits so, dass sie dem Gemeinspruch widerstreiten.

Unterwarf man sich früher der Disziplin, um den berüchtigten ›inneren Schweinehund‹ zu überwinden, um der Gemeinschaft zu dienen, beschränkt sich die Anarchin heute in ähnlicher Weise freiwillig selbst. Damit vermeidet sie, zur Sklavin ihrer Lüste zu werden, um sich nicht von ihrer Umwelt verführen zu lassen, will sie nicht nach den Vorschriften anderer tanzen. Wie bemerkt doch Foucault über die griechische Geisteshaltung im vierten vorchristlichen Jahrhundert: »Frei sein im Verhältnis zu den Lüsten – das ist: nicht ihr zu Diensten stehen, nicht ihr Sklave sein. Die Gefahr, die mit den *aphrodísia* verbunden ist, ist weniger die Beschmutzung als die Versklavung.«[51]

Wem das trotzdem nicht so recht gelingen will, weil sie doch dem nachtrauert, was sie verpasste, die tröste sich mit den eingangs zitierten Worten Kierkegaards.

Nur darf sie wirklich nichts bereuen, egal ob sie heiratet oder nicht heiratet. Die Reue ergibt sich immer erst aus der Perspektive danach, die man davor nun mal nicht hat. ›Wenn ich das vorher gewusst hätte …‹ ist ein ziemlich unsinniger Ausruf. Man hat es nun mal nicht vorher gewusst.

Nun gut, die Nachtschwärmerin wird auch damit nicht glücklich werden. Aber Glück ist eine gesellschaftlich aufbereitete Illusion, die sie vermeidet: Gemeinhin wird die Frau glücklich, wenn sie einen treuen Mann findet und Kinder bekommt. Und/oder sie wird ein Star, was aber bekanntlich dem Glück eher abträglich ist – man denke an Marilyn Monroe, die aus solcher Perspektive lieber brave Ehefrau und Mutter anstatt Schauspielerin geworden wäre. Wie immer man es nennt: Glück gehört zur Lebenskunst nur insoweit, wie man zum falschen Zeitpunkt den falschen Ort natürlich meidet, also mit der römischen Fortuna notorisch flirtet. Ansonsten entwickelt die Anarchin eigene Vorstellungen, denen sie folgt und an denen sie gelegentlich verzweifelt. Doch sie lebt keine antike Tragödie, selbst wenn sie scheitert.

68. *Judas oder Leonidas.* Doch so moralisch und sittsam soll dieser Versuch einer Umwertung der Werte nicht scheitern. Ein bekanntes Sprichwort lautet: Der Politiker schätzt den Verrat, nicht den Verräter. Den Judas mag niemand, welche Intentionen ihn auch treiben. Dabei war er doch eine überaus interessante Gestalt, ohne den der selbsternannte Gottessohn kein Religionsgründer geworden wäre: Kein Judas, kein Kreuz! Könnten auch Gottessöhne scheitern? Jedenfalls schuf der Verrat den Gott, also Judas als Gott der Götter. Auch Götter legen Hand an sich.

Doch bewundert werden Verräter höchstens ob ihres gelegentlichen Wagemutes und – stellt er sich im entsprechenden Maße ein – ob ihres Erfolges. Aber den Verrat als Charakterstärke, gar als Tugend zu titulieren, das – so höre ich sie schon klagen – grenzt doch schier an Infamie. Auch die Räuberbande, so Kant, braucht eine Moral. Oder finde ich das etwa gut: »Wer hat uns verraten? Sozialdemokraten!« Da haben letztere mal gehandelt und ihr Minister Noske ließ die Münchner Räterepublik niederschießen. Prompt wurde die brave Sozialdemokratie böse. Und haben sie in Weimar etwa die Demokratie gerettet?

Dagegen Wolfgang Abendroth, der in Marburg dafür sorgte, dass in der jungen Bundesrepublik die Politikwissenschaft nicht allein von Konservativen aufgebaut wurde: Geboren 1906 und 1985 gestorben, entstammte er einer tief sozialdemokratisch verwurzelten Familie, die sich über die Zustimmung der SPD-Reichstagsfraktion zum imperialistischen deutschen Krieg 1914 spaltete. Bereits mit 14 Jahren schließt sich Abendroth in Frankfurt der *Freien Sozialistischen Jugend* an, die sich später in *Kommunistischer Jugendverband Deutschlands* umbenannte und sich der KPD eingliederte. Während er Jura und Volkswirtschaftlehre an den Universitäten von Tübingen, Münster und Frankfurt/M. studierte, nahm er an den Debatten rings um die damals noch recht oszillierende KPD teil, was ihn am Ende des Jahrzehnts von den Kommunisten, nicht aber von der Arbeiterbewegung entfernte. 1933 wurde er aus dem Justizdienst entlassen, später wurde seine Doktorarbeit beschlagnahmt. 1937 verurteilte ihn die den Nazis ergebene deutsche Justiz zu vier Jahren Zuchthaus wegen Widerstands. 1943 zog man ihn zu einer Strafdivision ein, die sich an der Besatzung Griechenlands beteiligte. Er desertierte nicht nur, er schloss sich vielmehr den griechischen Partisanen an.

Daher schätzt die Lebenskünstlerin den Verrat als hohe Tugend. Der Verrat ist nämlich die Bedingung zu jeder weiteren Entwicklung, speziell der geistigen, die sie braucht, um ihr Leben selbst zu verantworten, um sich dabei an der Lust zu orientieren und die Reue zu minimieren. Natürlich grenzt sich dieser Verrat gegenüber dem politischen ab, der im Grunde nur für das Kino taugt: Leonidas und die Schlacht an den Thermopylen: »Wanderer kommst du nach Sparta, sage du habest uns liegen gesehen, wie das Gesetz es befiehlt.« Wären sie doch vorher übergelaufen!

Trotzdem gibt es eine Empathie zwischen beiden Formen des Verrats, dem politischen und dem geistigen. Ob die Nachtschwärmerin im Dienst ihrer selbst ihr Land oder ihren Gott verrät, beides bringt sie woanders hin. Wenn sich die Sesshaftigkeit als historisches Zwischenspiel offenbart, dann gewinnt das Nomadentum, die Bewegung an Qualität. Hexen ziehen heute von Land zu Land und von Gott zu Gott oder Theorie zu Theorie, von der einen zur nächsten Erfahrung, von Lust zu Lust, die für viele allemal wichtiger ist als Gott oder die Religion, und von Liebe zu Liebe. Trotzdem werden sie mit Kierkegaard alles auch mal bereuen, auch die Lust: Hätten sie nicht doch lieber eine katholische Ehe mit vielen Kindern hinter dem Herd verbracht? Aber was gäbe es dabei nicht alles zu bereuen? Kierkegaard wusste das und zwang seine Verlobte, die Verlobung aufzulösen, indem er sich in der Kleinstadt Kopenhagen als frivoler Lebemann aufführte, was er selbst noch als Galanterie bezeichnet. Die Hexe wird ihm wünschen, dass er das trotzdem nicht bereute. Liebesverhältnisse sind auch immer Machtverhältnisse, bzw. bedarf die Liebe der Macht, wie sich die Macht der Liebe bedient. Das Begehren treibt nun mal weiter, indem es Reue über die aufgelassenen Perspektiven entwickelt. Als Produkt des Begehrens wäre dann die Reue sogar nützlich.


69. *Mal Pazifist, mal Kriegstreiber.* Im Gespräch mit einem Kollegen stellte sich heraus, dass ich im Laufe meiner geistigen Entwicklung häufig die Fronten gewechselt habe. Ich war mal Existenzialist, mal Anarchist, mal Marxist, mal Konstruktivist im Stile der Erlanger Schule, mal Kantianer, mal Hegelianer, mal Fortschrittler, mal Ökologe, mal Naturfreund, mal Kulturfan, mal Autofeind, mal Autofreund, mal Pazifist, mal Kriegstreiber. Und immer wieder, so machte ich dem Kollegen klar, hätte ich die Meinung oder Auffassung wieder geändert. Ich hätte alle diese Positionen verraten, Sartre, Marx und Kant; ich sei ein Verräter, so der Kollege. Spontan und hoch erfreut stimmte ich ihm zu. In der Tat, mein Ethos, das ist der Verrat: als Nomade von Theorie zu Theorie ziehen, bis man die Theorie selbst noch aufgibt und wie Umberto Eco anfängt, zu erzählen.

Die Barbarin ist nirgends zu Hause, bleibt nirgendwo, stößt alle Verhältnisse immer wieder um, muss sie umwerfen, um dem Gemeinspruch zu widerstreiten: ›Die Lust ist kurz, die Reu' ist lang.‹ Denn wer sein Leben lang dasselbe denkt – oder mit demselben pennt –, die wird das nicht unbedingt bereuen. Vielleicht merkt sie es gar nicht wie die monogame Rosa Luxemburg.[52] Aber die Nachtschwärmerin würde dann irgendwann unerfreuliche Konsequenzen ziehen, die ihre Lust minimieren und die die Reue nahe legen. Nach Heidegger denkt ein Philosoph immer nur einen Gedanken. Das wäre doch paradiesisch lange weilend. Dann bin ich lieber Verräter und Deserteur, lasse auch noch die Philosophie auf. Oder sollte ich daran scheitern, weil niemand mehr als einen Gedanken denken kann? Wie langweilig!

Bin ich gar der letzte Metaphysiker, da ich die Philosophie noch immer nicht aufgegeben habe? Doch vielleicht lässt sich irgendwann mit ihr überhaupt kein Geld mehr verdienen, sodass ich dann zum Schuhverkäufer umsatteln muss. Oder der Rinderwahn lässt mich die Philosophie verraten. Oder würde ich überhaupt dann erst richtig philosophieren, soll doch für manche Menschen BSE in der Tat ein Fortschritt sein. Warum nicht auch für mich? Schließlich wird man auch irgendwann das Leben verraten.


*70. Die unzuverlässigen Konvertiten.* Die feste Überzeugung zwingt die Zeitgenossin zudem, permanent von jenen Wesenszügen ihrer selbst abzusehen, die zu dieser Überzeugung nicht passen. Nicht dass die feste Überzeugung nicht immer noch weitgehend als ehrenwert anerkannt würde. Trotzdem erwächst dieser Vorstellung eine Konkurrenz: Warum sollte die Anarchin nicht verschiedene gegensätzliche Seiten ihrer selbst anerkennen und im Laufe ihres Lebens mal die eine, mal die andere stärker betonen? Warum sollte sie nicht mehrfach im Laufe ihres Lebens konvertieren? Es könnte ihren Lebensumständen angemessener sein, als ihr Leben krampfhaft und durchgängig derselben Interpretation zu unterwerfen, oder nennen wir es revolutionär, den aufrechten Gang, der ins sozialistische Reihenhaus führt: Konvertiten, so Karl Jaspers dagegen, sind halt- und bodenlose Gestalten. Wenn feste Orientierungen sich indes nur noch in innere Widersprüche verwickeln – John Rawls' guter Mensch, der in der Disco schon an das Pflegeheim denkt und derart die wohlgeordnete Gesellschaft auf den Weg bringt –, wenn festgefügte Auffassungen sich immer wieder in der Realität verheddern, wenn der vermeintlich feste Boden auf einem Magmasee schwimmt, mit ungeheurer Geschwindigkeit, sich gleichzeitig in verschiedene Richtungen drehend, durch das vergleichsweise leere Nichts düst, dann erscheint das Oszillieren, das Schwanken der Existenz als der Normalzustand, dem die Hexe gar nicht anders denn durch den permanenten Wandel, durch den fortlaufenden Verrat ihrer früheren, einstmals heiligen Auffassungen entspricht. Der Verrat ist die Tugend der fortgeschrittenen Moderne schlechthin, die, wie Marx bereits feststellte, alle Umstände immer wieder revolutioniert. Und wenn der Politiker den Verräter nicht liebt, ergibt sich umgekehrt die Frage, inwiefern das ein Verlust ist. Wer will denn vom Politiker geliebt werden!

71. *Marxens Bart abrasiert.* Bin ich damit etwa doch treuer Marxist: alle Verhältnisse umstürzen, die die Menschen knechten! Komme ich womöglich in alten Gewändern, wie Marx es im *18. Brumaire des Louis Bonaparte* den Revolutionären attestiert? Mit Schiebermütze in den Klamotten von Bertolt Brecht? Aber Marxens Bart habe ich mal abrasiert? Dann denken wir lieber an Lacan: mit der Wahrheit, somit dem nackten Gesicht lügen. Um die Aufhebung der Knechtung des Menschen durch den Menschen ging es mir indes im vorliegenden und sich

langsam neigenden Text indirekt durchaus, wiewohl nicht auf kollektiver Grundlage.

Oder bin ich etwa treuer Nietzscheaner: Wenn der längste Irrtum der Menschheit sich in der *Götzendämmerung* seinem Ende nähert, wenn es keine wahre Welt gibt, dann kann es kein richtiges Bild von dieser Welt geben. Bis heute jedoch insistieren die Zeitgenossen darauf, dass man nicht nur ein Weltbild braucht, um sich in der Welt orientieren zu können, man denke an GPS. Sie halten jeweils das ihrige normalerweise für das einzig richtige, oder zumindest das richtigere. Das ergibt aber keinen Sinn mehr, wenn dafür nicht nur die Kriterien fehlen, sondern sie von der Zeit ständig überholt werden. Nietzsche notiert in den Jahren 1885/86: »Die Undurchführbarkeit Einer Weltauslegung, der ungeheuere Kraft gewidmet worden ist – erweckt das Misstrauen ob nicht *alle* Weltauslegungen falsch sind.«[53] Weltbilder, Ideologien, Weltanschauungen, religiös oder weltlich, das alles sind nur Irrtümer, aber vermutlich die zählebigsten. Geht ein Weltbild nieder, sehen sich die Überlebenden mit dem konkurrierenden Weltbild in ihrer Sicht auf die Welt bestätigt.[54]

*72. Wie Heraklit verraten?* Derart entwickelt Verrat die Bedingung für den permanenten Wandel, in Natur und Gesellschaft wie im individuellen Leben, der Objektivität und des Absoluten als des Relativen: Die Nachtschwärmerin wird sich ständig einen anderen Gott suchen. Solcherart Verrat ist sogar natürlich; denn allein der Verrat entspricht dem kosmischen Chaos, wenn denn überhaupt ein Gedankliches dem anderen Nichtgedanklichen entsprechen kann, aber allemal nicht schlechter als ein vermeintliches Naturgesetz der Natur. Ähnlichkeiten hat die Sprache mit dem Nichtsprachlichen nur in sehr geringem Maß. Repräsentation, Symbol, Referenz stellen problematische Verhältnisse her, von denen man nicht sicher sagen kann, ob dann das, was sprachlich passiert, einen angemessenen Bezug zum Nichtsprachlichen hat. Es gibt nur eine Gemeinsamkeit zwischen Sprache und Welt, dass sich beide ständig bewegen und dass sich zumindest aus der Position der Sprache beide ineinander vernetzen, sich dadurch gegenseitig aber auch immer wieder verschieben. Wenn man meint, die Welt verstanden zu haben, dann stellen sich sofort neue Verständnisschwierigkeiten ein.

Darauf reagiert die Ethik des Verrats, die die Einsicht Heraklits ernstnimmt, dass alles fließt, dass die Lebenskünstlerin lernen muss, mit der Flüchtigkeit der Lust zu leben, um die Reue zu minimieren. Ober bleibt als stabiles Element die ständige Reue? Die Zeiten sind vorbei, als göttliche Gesetze dem Seienden eine stabile Struktur verliehen, auch wenn es immer noch Leute gibt, die das Motiv der Nazi-Terror-Organisation mit den eckigen zwei gleichen Buchstaben verehren: Unsere Ehre heißt Treue. Entweder solche Selbstblendung – *Ödipus auf Kolonos* –, oder es bleibt nur die Rückkehr zu Heraklit im Chaos der modernen Zeiten. Und daraus ergibt sich der Verrat als Tugend, nicht die Treue, die Lust als Wert, die Reue als systematisch zu vermeidendes Übel. Ein wenig darf man auch bereuen, soweit das animativ das Leben interessanter macht.

Nur drängt sich dann langsam die Frage auf: Wie kann man Heraklit verraten? Etwa durch die Rückkehr zum ersten Gebot? Oder zeitgemäßer durch Beliebigkeit? Hier hilft auch Nietzsche nicht weiter. Denn sein

Perspektivismus führt in keine Beliebigkeit. Vielmehr ebnet Nietzsche einer selbstkritischen wissenschaftlichen Objektivität den Weg, wie sie erst in der zweiten Hälfte des 20. Jahrhunderts die Wissenschaftstheoretiker Thomas S. Kuhn oder Paul Feyerabend vertreten werden. »Es gibt *nur* ein perspektivisches Sehen«, schreibt Nietzsche, »*nur* ein perspektivisches ›Erkennen‹; und je mehr Affekte wir über eine Sache zu Worte kommen lassen, je mehr Augen, verschiedne Augen wir uns für dieselbe Sache einzusetzen wissen, um so vollständiger wird unser ›Begriff‹ dieser Sache, unsere ›Objektivität‹ sein.«[55]

Ist der Verrat womöglich längst arriviert und schon eine anerkannte Tugend, längst keine subversive mehr?

Auf nichts ist mehr Verlass, was nicht nur Arnold Gehlen beklagte. Auf die Hexe ist natürlich auch kein Verlass. Sie verrät am Ende womöglich noch reuevoll die Lust, unterliegt im Kampf gegen den Gemeinspruch, und landet trotz aller Selbstdisziplinierung, trotz Askese, trotz Vorsicht gegenüber äußeren wie inneren Versuchungen in der Ehe und versorgt ihre Kinder Hänsel und Gretel, anstatt die Lüste zu gebrauchen: die Ethik des Verrats. Wollen wir der ehemaligen Lebenskünstlerin wünschen, dass sie das dann wenigstens nicht bereut, damit auch in diesem Fall zwar die Lust kurz bleibt, die Reue aber nicht lang ausufert. Und sollte sie in diesem Leben nicht glücklich werden, dann wünschen wir es ihr wie Kant für das nächste Leben. Aber jene, die sich von der Lebenskunst verabschieden, die kehren zumeist zum Glücksstreben zurück, wiewohl die ehemalige Teufelin wissen müsste, dass dieses Glück zumeist zu einem schlechten Ende führt.

*73. Das Rauchen aufhören!* Bereits Nietzsche hält mit dem Perspektivenwechsel an der Wahrheit fest, sogar an einem viel höheren Anspruch, als man ihn in der Theologie, Philosophie oder den Wissenschaften häufig vertritt. Wahrheit heißt nicht letzte unveränderliche wahre Sätze zu formulieren. Vielmehr eröffnet sie sich in einem lebendigen Zusammenhang, indem man sich auf vielfältige Weise darum bemüht, über einen Gegenstand immer wieder unterschiedliche Sätze zu bilden, die erst durch ihre unterschiedlichen Perspektiven etwas von Wahrheit anklingen lassen.

So vertritt Nietzsche wirklich noch ein hehres Modell der Wahrheit: mit möglichst vielen Perspektiven experimentieren! Wie kann das die Lebenskünstlerin verraten? Durch die Rückkehr zum christlichen Weltbild? Gibt es dann womöglich einen unvermeidlichen Kreislauf der Weltbilder? Einen Kreislauf des fortschreitenden Verrats als Tugend der Moderne, d. h. als Lebenskunst! Man entgeht der Moral einfach nicht, nicht mal als Verräterin.

Aber wenn die Nachtschwärmerin immer weiter verrät, bleibt sie dann nicht dem Verrat treu? Holt sie hier etwa die Treue jener nazi-deutschen Terrororganisation ein, und sei es auch nur die zum Verrat? Aber verlangt nicht der Verrat, dass die Hexe ihn aufgibt? Muss sie dem Verrat nicht untreu werden, wenn sie die Treue meiden will? Aber bleibt sie damit just dem Verrat doch treu? Entgeht die Anarchin dieser Treue einfach nicht, wie sehr sie diese auch vermeiden möchte? Kann sie ihr Leben somit gar nicht treulos gestalten? Wie will sie dann dem Gemeinspruch noch widerstreiten?

Kann ich dann auch weiterhin rauchen, wenn ich aufhöre dem Gemeinspruch zu widerstreiten, mich vom Verrat abkehre und den Versuch der individuellen Lebensgestaltung aufgebe? Aus der Tugend des Verrats käme es nämlich irgendwann unabdingbar auf mich zu, das Rauchen aufzuhören. Ist dann mein Versuch der Umwertung der Werte gescheitert? Wäre das ein Problem? Die inkonsequente Logik des Verrats, der sich selbst verrät, lässt nun mal alles zu. Hätte man von der Nachtschwärmerin, von einer Philosophie der Nacht, die sich mit dem Gemeinspruch anzulegen versucht, gar von einer Philosophie der Liebe, die sich ihre christlichen Wurzeln zu ziehen versucht, etwas anderes erwartet? Kommt nicht nach dem Morgengrauen immer die Morgenröte? Nicht unbedingt, wenn man vorher ins Bett geht. Dann darf man sich vorher auch noch schnell den Sonnenaufgang am kleinen Stausee anschauen.

# Anmerkungen

1  Zit. bei Niklas LUHMANN, Liebe – eine Übung (1969), Frankfurt/M. 2008, 51

2  Simone de BEAUVOIR, Das andere Geschlecht – Sitte und Sexus der Frau (1949), 5. Aufl. Reinbek 2005, 247

3  Ebd. 334

4  Sören KIERKEGAARD, Entweder / Oder, Erster Teil (1843), Gesammelte Werke 1. Abteilung, Düsseldorf, Köln 1956, 41

5  Alasdair MACINTYRE, Der Verlust der Tugend – Zur moralischen Krise der Gegenwart (1981), Frankfurt/M. 1997, 350

6  Vgl. Hans-Martin SCHÖNHERR-MANN, Das Mosaik des Verstehens – Skizzen zu einer negativen Hermeneutik, München 2001, 71

7  Arnold GEHLEN, Über die gegenwärtigen Kulturverhältnisse (1956); in: Gesamtausgabe Bd. 6, Frankfurt/M. 2004, 286

8  Gianni VATTIMO, Glauben – Philosophieren, Stuttgart 1997, 36f

9  Philipp BLOM, Böse Philosophen – Ein Salon in Paris und das vergessene Erbe der Aufklärung, München 2011, 232

10  Ebd. 278

11  Hans Magnus ENZENSBERGER, Schaum; in: ders., Landessprache – Gedichte, Frankfurt/M. 1969. 41

12  Immanuel KANT, Grundlegung zur Metaphysik der Sitten (1785), Akademie Textausgabe Bd. IV, Berlin 1968, 393

13  Ludwig WITTGENSTEIN, Philosophische Untersuchungen (1953), Frankfurt/M. 1971, 65 Nr. 107

14  Arthur SCHOPENHAUER, Die Welt als Wille und Vorstellung I (1819/1844), sämtliche Werke Bd. 1, München 1977, 332

15  Arthur SCHOPENHAUER, Senilia – Gedanken im Alter (1852–1860), München 2010, 243

16  Franco VOLPI, Einleitung zu: ebd., 19

17  Vgl. Hans-Martin SCHÖNHERR-MANN, Der Übermensch als Lebenskünstlerin – Nietzsche, Foucault und die Ethik, Berlin 2009, 102

18  Arnold GEHLEN, Die Säkularisierung des Fortschritts (1967); in: ders., Einblicke, Werke Bd. 7, Frankfurt/M. 1978, 412

19  Sören KIERKEGAARD, Abschließende unwissenschaftliche Nachschrift zu den philosophischen Brocken, (1846), Erster Teil. – 3. Aufl. Gütersloh 1994, 164

20  Alasdair MACINTYRE, Der Verlust der Tugend, a. a. O., 85

21  Vgl. Hans-Martin SCHÖNHERR-MANN, Die Macht der Verantwortung, Freiburg i. Br. 2010, 31

22  Jean-Paul SARTRE, Das Sein und das Nichts (1943), Reinbek 1993, 953

23  Leo STRAUSS, Progress or Return? (1952), in: ders., Jewish Philosophy and the Crisis of Modernity - Albany 1997, 105 (eigene Übersetzung)

24  Michel FOUCAULT, Krise der Medizin oder Krise der Antimedizin (1976), Dits et Ecrits Band III – Schriften in vier Bänden, Frankfurt/M. 2003, 58

25  Ivan ILLICH, Die Nemesis der Medizin – Von den Grenzen des Gesundheitswesens, (1975), Reinbek 1981, 95

26  Michael WALZER, Sphären der Gerechtigkeit (1983), Frankfurt/M., New York 1992, 138

27  Ellis HUBER, Heilkunst in der postindustriellen Gesellschaft; in: Peter-Alexander Möller (Hrsg.), Verantwortung und Ökonomie in der Heilkunde, Frankfurt/M. 2000, 286

28  Vgl. Hans-Martin SCHÖNHERR-MANN, Simone de Beauvoir und das andere Geschlecht, München 2007, 125

29  Immanuel KANT, Kritik der praktischen Vernunft (1788), Akademie-Textausgabe Bd. V, Berlin 1968, 110

30  Otfried HÖFFE, Lebenskunst und Moral – oder macht Tugend glücklich, München 2007, 361

31  Hannah ARENDT, Rahel Varnhagen – Lebensgeschichte einer deutschen Jüdin aus der Romantik (1958), 12. Aufl. München 2003, 19

32  Hans BLUMENBERG, Beschreibung des Menschen – Aus dem Nachlass, Frankfurt/M. 2006, 479

33  Friedrich NIETZSCHE, Die fröhliche Wissenschaft (1881–82), Kritische Studienausgabe (KSA) Bd. 3, München, Berlin, New York 1988, 364

34  Max WEBER, Die protestantische Ethik I (1904), 5. Aufl. Gütersloh 1979, 324

35 Max WEBER, Wissenschaft als Beruf (1919), Gesammelte Aufsätze zur Wissenschaftslehre, 4. Aufl. Tübingen 1973, 605

36 Umberto ECO, Laudatio auf Thomas von Aquin, Über Gott und die Welt, München 1985, 285

37 Max WEBER, Politik als Beruf (1919), Gesammelte politische Schriften, Tübingen 1958, 533

38 Max SCHELER, Das Ressentiment im Aufbau der Moralen (1912); in: Vom Umsturz der Werte – Abhandlungen und Aufsätze (1915/1919), Gesammelte Werke Bd. 3, 4. Aufl. Bern 1955, 88

39 ARISTIPPUS von Kyrene, Fragment nr. 17; in: Wilhelm Nestle (Hrsg.), Die Sokratiker, Aalen 1968, 177

40 Paul FEYERABEND, Wider den Methodenzwang – Skizze einer anarchistischen Erkenntnistheorie (1975), Frankfurt/M. 1976, 53

41 Ebd. 67

42 MONTESQUIEU, Vom Geist der Gesetze (1748), Stuttgart 1965, XI Buch, 4. Kapitel, 211; vgl. Hannah ARENDT, Über die Revolution, München 1963, 197

43 Umberto ECO, Der Name der Rose. Roman (1980), 22. Aufl. München, Wien 1983, 315

44 Hans-Martin SCHÖNHERR-MANN, Globale Normen und individuelles Handeln – Die Idee des Weltethos aus emanzipatorischer Perspektive, Würzburg 2010, 209

45 Martha C. NUSSBAUM, Die feministische Kritik des Liberalismus; in: dies., Konstruktion der Liebe, des Begehrens und der Fürsorge – Drei philosophische Aufsätze, Stuttgart 2002, 55

46 Sybille STEINBACHER, Wie der Sex nach Deutschland kam – Der Kampf um Sittlichkeit und Anstand in der frühen Bundesrepublik, München 2011, 94

47 Ebd. 226

48 Jochen HÖRISCH, Tauschen, Sprechen, Begehren – Eine Kritik der unreinen Vernunft, München 2011, 12

49 Friedrich NIETZSCHE, Also sprach Zarathustra (1882–84), KSA Bd. 4, 404

50 Bernd MATTHEUS, Cioran – Portrait eines radikalen Skeptikers, Berlin 2007, 41

51 Michel FOUCAULT, Der Gebrauch der Lüste – Sexualität und Wahrheit 2 (1984), Frankfurt/M. 1989, 105

52  Vgl. Hans-Martin SCHÖNHERR-MANN, Hannah Arendt – Wahrheit, Macht, Moral, München 2006, 51

53  Friedrich NIETZSCHE, Nachlass 1885–1887, KSA Bd. 12, München, New York, Berlin 1999, 126

54  Vgl. Hans-Martin SCHÖNHERR-MANN, Politischer Liberalismus in der Postmoderne – Zivilgesellschaft, Individualisierung Popkultur, München 2000, 46

55  Friedrich NIETZSCHE, Zur Genealogie der Moral (1887), KSA Bd. 5, 365

Erste Auflage 2012

© 2012 MSB Matthes & Seitz Berlin Verlagsgesellschft mbH
  Göhrener Str. 7, 10437 Berlin, info@matthes-seitz-berlin.de

*www.matthes-seitz-berlin.de*

Umschlaggestaltung nach einer Idee von Pierre Fauchau
Druck und Bindung: Drukarnia ART-DRUK, Szczecin

ISBN 978-3-88221-465-9